Das Kosmosbuch der Zwiebel- und Knollenpflanzen

Kosmos
Gesellschaft für Naturfreunde
Franckh'sche Verlagshandlung
Stuttgart

Roger Phillips/Martyn Rix

Das Kosmosbuch der Zwiebel- und Knollenpflanzen

Über 800 Arten für Haus und Garten
Ein großer Kosmos-Naturführer

Aus dem Englischen übersetzt und
bearbeitet von Dr. Bruno P. Kremer
Titel der Originalausgabe: „The Bulb
Book“, erschienen bei Pan Books Ltd.,
London, 1981 unter ISBN 0 330 26481 8

Mit 352 farbigen Abbildungen von Roger
Phillips

Umschlag von Edgar Dambacher
unter Verwendung zweier Aufnahmen
von Roger Phillips

CIP-Kurztitelaufnahme der Deutschen
Bibliothek

Phillips, Roger:
Das Kosmosbuch der Zwiebel- und Knollenpflanzen :
über 800 Arten für Haus u. Garten / Roger
Phillips ; Martyn Rix. Aus d. Engl. übers. u.
bearb. von Bruno P. Kremer. – Stuttgart :
Franckh, 1983.
(Ein grosser Kosmos-Naturführer)
Einheitssacht.: The bulb book ⟨dt.⟩
ISBN 3-440-05137-4
NE: Rix, Martyn:; Kremer, Bruno P. [Bearb.]

Franckh'sche Verlagshandlung,
W. Keller & Co., Stuttgart/1983

Printed in Great Britain/Imprimé en Grand Bretagne
LH 14 Ste/ISBN 3-440-05137-4
Satz: Konrad Triltsch, Graph. Großbetrieb, Würzburg
Druck: Cripplegate Printing Company Ltd., Edenbridge, Kent

Das Kosmosbuch der Zwiebel- und Knollenpflanzen

Einleitung

Auf viele Gartenfreunde üben gerade die Zwiebelpflanzen eine besondere Faszination aus. Es ist für sie immer ein wenig aufregend, schon in den ersten Wintertagen nach Weihnachten in den Garten zu gehen, um die ersten Frühlingsboten zu beobachten und nach den ersten wärmenden Tagen vielleicht schon ein Schneeglöckchen, einen Winterling oder gar ein blühendes Scharbockskraut zu finden, die sich durch das alte Laub zwängen. Nur wenige Tage nach den ersten wärmenden Sonnenstrahlen beginnen überall im Garten die Blumenzwiebeln und Zwiebelblumen sich zu regen. Je kälter der Winter war, um so schneller sind plötzlich die Schneeglöckchen oder die Krokusse da und durchbrechen mitunter sogar noch die abschmelzende Schneedecke. Im Herbst zeigen die verschiedenen Alpenveilchen oder die Herbstzeitlosen das Ende der Vegetationsperiode an und sind sichere Anzeichen für den nahenden Winter.
Fast zu jeder Jahreszeit gibt es irgendeine interessante Pflanze im Garten, die mit Zwiebeln oder Knollen überdauert.
In diesem Buch soll die Schönheit dieser Pflanzen und ihre unglaubliche Vielgestaltigkeit an Beispielen aufgezeigt werden. Kaum eine andere Pflanzengruppe lohnt die gärtnerische Sorgfalt und Mühe mit einer vergleichbaren Palette von Formen und Farben. Schon zur Mitwinterzeit kann man Hyazinthen oder verschiedene Narzissen vortreiben, um zur Weihnachtszeit bereits Blüten zu bekommen. Tulpen liefern innerhalb von fünf Monaten nach dem Auspflanzen ein unglaubliches Schauspiel aller nur denkbaren Farben und Formen. Die meisten Narzissen kommen Jahr für Jahr zum Vorschein, ohne daß man sich in der Zwischenzeit besonders um sie kümmern müßte. Wenige Gartenpflanzen sind so stattlich anzusehen wie das fast drei Meter hohe *Cardiocrinum* oder die hübsche Kaiserkrone. Einige Knollen- und Zwiebelblumen sind wie kleine Juwelen: enzianblau sind die Blüten der *Tecophilaea,* eisblau die der *Puschkinia* oder goldgelb bei manchen Krokus-Arten. Viele *Fritillaria*-Arten zeigen alle nur denkbaren Schattierungen zwischen grün, braun, purpurn oder rötlich.
Etwa 800 verschiedene Arten werden hier vorgestellt, von denen die meisten so widerstandsfähig sind, daß sie auch im Freiland den mitteleuropäischen Winter überstehen können. Die Auswahl berücksichtigt alte Bekannte ebenso wie weniger bekannte Formen oder solche, die erst kürzlich entdeckt oder eingeführt wurden und sicher das Interesse der Gartenfreunde verdienen. Die großen, oft ganzseitigen Aufnahmen zeigen meist die gesamte Pflanze. Sie wurden im Studio aufgenommen. Die große Mehrzahl der Freilandaufnahmen wurde, wo immer es möglich war, am natürlichen Standort der Pflanzen aufgenommen. Nur wenige stammen aus Botanischen Gärten oder bedeutenden Sammlungen. Die Pflanzen werden ungefähr in der Reihenfolge ihrer Blühtermine behandelt. Die ersten Frühlingsboten stehen am Anfang, die späten Herbstblüher schließen die Reihe. Immer sind die Aufnahmetermine der Pflanzen angegeben, so daß auch die Bestimmung unbekannter Arten nicht allzu schwierig sein dürfte. Innerhalb dieses Ordnungsrahmens wurde versucht, von den wichtigeren Gattungen so viele Arten wie nur möglich aufzunehmen.
Das Buch wendet sich nicht nur an den Gärtner oder Züchter schöner Zierpflanzen, sondern auch an den Blumenfreund, der die Stammformen oder Wildarten vielleicht einmal am natürlichen Standort sehen möchte. Im Text werden daher wichtige Hinweise auf Vorkommen, Verbreitung und Lebensraum der behandelten Pflanzen gegeben. Sie bilden eine wertvolle Ergänzung zu den knappen Kulturanweisungen, die die Pflege oder den Anbau erleichtern sollen.
Die meisten der hier aufgeführten Arten können über Spezialfirmen und Großgärtnereien bezogen werden. Eine Liste dieser Betriebe finden Sie auf Seite 188. Arten, die nicht im üblichen Sortiment zu finden sind, gibt es manchmal über Züchter-Vereinigungen oder in günstigen Fällen auch über Botanische Gärten. Dort werden jedenfalls Saatgutlisten bereitgehalten, aus denen zu ersehen ist, wo welche Art erfolgreich in Kultur ist. Die meisten Zwiebel- oder Knollenpflanzen werden in Gegenden gefunden, in denen die Winter ziemlich naß und kalt, die Sommer jedoch trocken und heiß ausfallen. Aus solchen Klimaten stammen fast alle Zierpflanzen, die heute in Parks und Gärten der gemäßigten Zonen angebaut werden. Die Energiereserven, die solche Pflanzen in ihren unterirdischen Speicherorganen angelegt haben, ermöglichen ihnen ein rasches Wachstum im Frühjahr, lange bevor einjährige oder langsam wachsende Arten Zeit hatten, sich zu entwickeln. In tropischen Klimaten, in denen sehr feuchte mit trocken-heißen Perioden abwechseln, gibt es natürlich ebenfalls Pflanzen mit Zwiebeln oder Knollen, doch können nur wenige davon außerhalb ihres natürlichen Verbreitungsgebietes gepflanzt werden. Nur solche können auch in nördlicheren Breiten verwendet werden, die aus den Hochgebirgen tropischer Gebirge stammen und damit an ein Klima angepaßt sind, das dem europäischen in wesentlichen Zügen gleicht.

Eine Zwiebel als Reserveorgan besteht im Grunde aus einer Reihe fleischig angeschwollener Grundblätter. Die übliche Küchenzwiebel ist dafür ein gutes Beispiel. Auch andere Teile einer Pflanze können sich zum Reserveorgan umgestalten. Bei den Krokus-Arten wird beispielsweise die Stengelbasis stark verdickt und umgibt sich mit den Resten abgestorbener Blätter. Weiterhin gibt es unterirdisch wachsende Sproßstücke – die Kartoffel ist zum Beispiel keine Wurzelknolle, sondern eine Sproßknolle. Nicht knollig, sondern mehr oder weniger gleichmäßig verdickte unterirdische Sprosse werden auch als Rhizom bezeichnet. Schließlich kann auch die Wurzel selbst sich in Knollen oder dicke Speicherwurzeln umwandeln. Mitunter sind diese Reserveorgantypen durch fließende Übergänge miteinander verbunden. Ob eine bestimmte Art eine Zwiebel besitzt oder nur verdickte Grundblätter, ist oft kaum mit Sicherheit zu entscheiden. Insofern stellt auch die Auswahl der hier berücksichtigten Pflanzen in gewissem Maße eine subjektive Festlegung dar.

Winterfestigkeit ist ebenfalls eine Eigenschaft, die in verschiedener Weise definiert werden kann, zumal sie von verschiedenen Faktoren abhängt. Grundsätzlich bedeutet sie für die in diesem Buch aufgeführten Pflanzen die Möglichkeit, im feuchten Klima Westeuropas oder im gemäßigten Winter Mitteleuropas auch im Freiland überdauern zu können – sehr kalte, anhaltende Frostperioden mit ungewöhnlich tiefen Temperaturen natürlich ausgenommen. Solche Arten, deren ärgster Feind ein feuchter Winter ist, wurden eher bei der Auswahl berücksichtigt als diejenigen, die weniger frostfest sind. Es ist in Gärten und Parks wesentlich einfacher, Freilandpflanzen im Winter trocken als warm zu halten. Im mitteleuropäischen Klima wird die Sache dadurch noch etwas komplizierter, als eine geschlossene, dauerhafte Schneedecke unter bestimmten Voraussetzungen ebenfalls einen wirksamen Schutz abgeben kann. Pflanzen, die allerdings in jedem Fall ein Gewächshaus benötigen oder wie Dahlien, Begonien und die meisten Gladiolen im Herbst ausgegraben und außerhalb des Bodens überwintert werden müssen, sind großenteils nicht berücksichtigt worden. Sie werden der Gegenstand eines eigenen Buches sein.

Fast alle hier behandelten Pflanzen stammen aus Gebieten, deren Klima mediterrane Züge aufweist, d.h. kühle, feuchte bis nasse Winter wechseln mit trocken-heißen Sommern ab. Nur fünf Regionen in der Welt sind mit einem solchen Klima ausgestattet. Es sind dies das Mittelmeergebiet selbst und die ostwärts bis Zentralasien daran anschließenden Gebiete; ferner Kalifornien; Chile in seinen südlichen Anteilen; die südwestliche Spitze von Südafrika sowie das westliche bis südliche Australien. Auf der Südhalbkugel ist der mediterrane Klimatyp um etwa 35° südlicher Breite anzutreffen; auf der Nordhemisphäre findet er sich in einem Gürtel um etwa 40° nördlicher Breite. Wegen dieser Unterschiede in der geographischen Breitenausdehnung und wegen der Tatsache, daß sich auf der Südhalbkugel keine kontinentalen Landmassen an die Gebiete des mediterranen Klimatyps anschließen, sind die südlich des Äquators gelegenen Verbreitungsräume nahezu frostfrei. Daher sind auch nur ganz wenige der Pflanzen, die in den südlichen Gebieten beheimatet sind, im mittel- oder westeuropäischen Klima winterfest. In Kalifornien ist das Mittelmeerklima durch die Nord-Süd-Ketten der Sierras und der Rocky Mountains begrenzt und bleibt auf einen ziemlich schmalen Küstensaum beschränkt. Hier können ausnahmsweise starke Winterfröste auftreten, so etwa 1972. Folglich sind viele der kalifornischen Pflanzen wiederum ausnahmsweise winterhart. Andere Arten, die aus größeren Höhen stammen, sind natürlich ohnehin besser an Extremtemperaturen angepaßt.

Die große Mehrzahl der winterfesten Zwiebel- und Knollenpflanzen stammt aus den mediterran getönten Klimaten Europas, Nordafrikas und Zentralasiens. Gebiete mit winterlichem Regen erstrecken sich weit nach Südosten bis fast zum Himalaya, weil die Hochgebirgszüge der Alpen, des Kaukasus, Tauros, Hindukusch oder Tienschan im wesentlichen in ost-westlicher Richtung verlaufen und daher den winterlichen Stürmen aus dem Gebiet des Schwarzen Meeres, des Mittelmeers oder des Kaspischen Meeres keine wirksamen Barrieren entgegenstellen können. Gleichzeitig bedeutet dort auch die relative Nähe Sibiriens, daß sehr kalte kontinentale Luftmassen nach Südwesten abfließen und oft noch die Türkei oder sogar Griechenland erreichen. Einige kleinere Gebiete am Südufer des Kaspischen Meeres oder des Schwarzmeeres zeichnen sich ausnahmsweise auch durch Sommerregen aus. Für die Gartenpraxis bedeutsam ist dabei, daß gerade die Pflanzen aus diesen Gegenden die sommerlichen Regenfälle in Mittel- und Nordeuropa wesentlich besser ertragen als die eigentlich mediterranen Herkünfte. Nordwestspanien und Südwestfrankreich kennen ebenfalls sommerlichen Regenfall. Pflanzen aus solchen Übergangsgebieten, wie etwa die Vertreter der Gattung *Narcissus,* ertragen mittel- und westeuropäische Klimabedingungen wiederum recht gut.

An der äquatorialen Seite gehen die mediterranen Klimagebiete in Wüstenzonen über: bekannt sind die Sahara, die syrische Wüste, die Mojave in Kalifornien, die Karoo in Südafrika und die Atacama in Chile. Die Übergangszonen zwischen den Wüsten und den Gebieten des mediterranen Klimatyps sind außerordentlich reich an Zwiebel- und Knollenpflanzen, von denen aber die meisten die

Sammelexkursion im Kurdistan 1965

reichliche sommerliche wie winterliche Feuchtigkeit des mittel- und westeuropäischen Klimas kaum ertragen.
Nur vergleichsweise wenige Zwiebeln stammen aus Gegenden mit Sommerregen, beispielsweise die Pflanzen aus den südafrikanischen Drakensbergen. Andere sommerblühende Arten stammen aus dem Himalaya, aus China oder Japan, zum kleineren Teil auch aus den europäischen Hochgebirgen. Die *Lilium*-Arten sind die wichtigsten Vertreter dieser Pflanzengruppe, die aus Gebieten mit Sommerregen stammen. Die meisten davon ertragen mit ihren recht lockeren Zwiebeln kaum die sommerliche Trockenheit eines mediterranen Klimas.

Sammeln und Artenschutz

Abgesehen von klimatischem Stress drohen den Wildpflanzen eigentlich nur noch zwei besondere Gefahren: Abweiden durch Tiere und Sammeln durch fanatische Händler. Abweiden ist ein uraltes Risiko, Sammeln dagegen eine ziemlich moderne Erscheinung. Kurzfristig ist Abweiden nicht allzu bedrohlich, weil die Zwiebel oder die Knolle davon nicht betroffen, vor allem nicht beschädigt werden. Viele Pflanzen haben dagegen auch besondere Anpassungen entwickelt. In den Gattungen *Crocus* und *Colchicum* werden etwa auch die Samen unterirdisch angelegt und erscheinen erst zur Reifezeit über der Oberfläche. Sollte dann unglücklicherweise der Fruchtstand abgebissen werden, haben viele Arten immer noch die Möglichkeit, sich durch Brutzwiebeln (Bulbillen) auch vegetativ fortzupflanzen. Eine Reihe von Arten, etwa *Eremurus*-Arten, werden von Weidetieren gemieden. Alle Vertreter der Gattung *Allium* haben einen scharfen, oft abstoßenden Geruch oder Geschmack. Mitunter überleben die Arten auch nur deswegen, weil sie an unzugänglichen Stellen, etwa mitten in dornigem Gestrüpp oder an gefährlichen Felsklippen, wachsen. Die *Fritillaria*-Arten halten dafür viele Beispiele bereit.
Die Bedrohung durch den sammelnden Menschen ist zweifacher Natur. Im östlichen Mittelmeergebiet wird beispielsweise aus den Knollen von Orchideen ein schleimiges Getränk, Salep genannt, zubereitet, dem man zudem die Eigenschaften eines Aphrodisiakums zuschreibt. Zahlreiche Arten werden dazu gesammelt, wodurch die Populationen wildwachsender Orchideen zwar nachweislich beeinträchtigt werden, ohne daß eine seltene Art nun in besonderem Maße betroffen wäre. Im Unterschied zum Sammeln für Nahrungs- oder Genußzwecke bedroht die gezielte Nachsuche die seltenen Arten viel stärker als die häufigen. Sammeln für gärtnerische Zwecke ist daher eine ernsthafte Gefahr geworden. Es gibt bereits Beispiele dafür, daß Pflanzen wegen allzu eifrigen Sammelns in der Natur ausgerottet wurden und jetzt nur noch in wenigen Gärten bekannt sind – *Tecophilaea cyanocrocus* ist eine solche Form. Zahlreiche Arten sind akut gefährdet. Ein markantes Beispiel ist *Sternbergia candida*, die erst 1978 entdeckt und als selten beschrieben wurde, dazu auch noch ein sehr begrenztes Verbreitungsgebiet aufweist. Innerhalb der letzten beiden Jahre wurden plötzlich Hunderte von Zwiebeln über den Handel angeboten, die nur aus Aufsammlungen im natürlichen Verbreitungsgebiet (Türkei) stammen können. Es ist abzusehen, daß solche Methoden die Pflanze in der Natur sehr bald ausrotten werden. Von den Alpenveilchen-Arten haben viele ebenfalls nur ein kleines Verbreitungsgebiet. Die meisten zivilisierten Länder haben zwar das Washingtoner Artenschutzabkommen unterschrieben und verbieten die Einfuhr gefährdeter Arten, doch sieht die Praxis (auch in der Bundesrepublik Deutschland!!) immer noch erschreckend aus.
Pflanzen, die als gefährdet oder bedroht gelten, sind im Register mit einem Sternchen gekennzeichnet. Sie sollten auf keinen Fall ausgegraben oder sonstwie beschädigt und eigentlich auch nicht gekauft werden, wenn nicht sichergestellt ist, daß sie aus einer Farm oder ei-

Iris cycloglossa (Seite 61)

Zwiebelbeet aus Gleisschwellen. Aufbau: Drahtnetz, Schotter/Schlacke, Torf/Blattkompost, Kompost, Kies

nem gärtnerischen Zuchtbetrieb stammen. Soweit solche Pflanzen bereits in Kultur sind, bürgen renommierte Firmen dafür, daß keine Wildherkünfte, sondern nur angebaute Exemplare vertrieben werden.
Alle Orchideen werden hier nicht weiter berücksichtigt. Zwar gibt es einzelne Arten, die erfolgreich in Kultur genommen werden können (z. B. *Bletia striata*), doch ist dies bei der Mehrzahl der mediterranen und mitteleuropäischen Arten mit Gewißheit nicht der Fall. Pflanzen von gefährdeten Standorten, die durch Straßenbau oder Flurbereinigung in absehbarer Zeit zerstört werden, sollte man ebenfalls nicht einfach ausgraben und in den Garten setzen, sondern besser an geschützten Stellen vergleichbarer Biotope ausbringen. *Fritillaria liliacea* kommt gegenwärtig nur noch an drei Stellen in der nächsten Umgebung von San Francisco vor. Zum Glück ist die Kultur nicht allzu schwierig, und jeder Gartenbesitzer, der diese Spezies kultiviert, sollte sie sorgsam pflegen.
Neue Arten werden am besten und erfolgreichsten als Saatgut eingeführt. Diese Methode schont auch am ehesten die Wildbestände. Grundsätzlich sollte man solche Arten, die bereits über den Gartenhandel angeboten werden, überhaupt nicht mehr vom natürlichen Standort entnehmen. Es gibt kaum eine Rechtfertigung, bekannte und in den Sortimenten längst verfügbare Arten oder Formen immer noch auszugraben und vom natürlichen Fundort zu entfernen, es sei denn, die betreffende Art kommt in tausenden Exemplaren an einer Stelle vor, was jedoch selten genug der Fall sein wird. Kulturversuche mit einer einzelnen Zwiebel oder Knolle sind meist Sackgassen. Gerade auch in Urlaubsgegenden, die noch eine reiche Flora aufweisen, sollte man daher mit der gebotenen Zurückhaltung vorgehen und besser zuhause einen Gartenkatalog studieren, als ein Einzelvorkommen einer möglicherweise seltenen Art auslöschen.

Gartenkultur

Das Pflanzen von Blumenzwiebeln im Garten

Die meisten Blumenzwiebeln werden am besten dann gepflanzt, wenn sie ihre Ruheperiode haben. Für Arten, die im Frühjahr blühen, ist der Frühherbst (ab August) die beste Zeit, für die Sommerblüher reicht auch das zeitige Frühjahr. Schneeglöckchen und Märzenbecher werden ausnahmsweise am besten während der Blütezeit verpflanzt. Schneeglöckchen-Zwiebeln, die trocken gekauft werden,

sind nur mit großer Mühe zu kultivieren. Blühende Pflanzen ertragen Umsetzen oder Verpflanzen dagegen sehr gut.
Es ist wichtig, daß die Zwiebeln in die richtige Tiefe gesetzt werden. Es ist selbstverständlich, daß die Spitze dabei immer nach oben schauen muß. Als Regel gilt, die Blumenzwiebel in schwerem, festem Boden so tief zu setzen, wie es ihrer eigenen Höhe entspricht, und etwa doppelt so tief in leichten, sandigen Böden. Grundsätzlich sollten aber selbst die kleinsten Zwiebeln noch etwa 5 cm Bodenbedeckung bekommen.
Die meisten Blumenzwiebeln benötigen einen lockeren, gut abziehenden, nährstoffreichen Boden mit Sand und Humus. Nur selten gedeihen sie auf sehr saurem Substrat. Viele der niederländischen Blumenzwiebelkulturen liegen in ehemaligen Dünengebieten, in denen Muschelbruch und Schill für den nötigen Kalkgehalt des Kultursubstrats sorgen. Diese Zusammensetzung ist ideal, weil sie weder zur Staunässe noch zur sauren Bodenreaktion neigt. Die richtige Beimischung von Humus versorgt die Felder mit den nötigen Nährstoffen und sorgt gleichzeitig für die richtige Bodenfeuchte.
Sollen die Zwiebeln an der gleichen Stelle für mehrere Jahre verbleiben, muß der Nährstoffgehalt gegebenenfalls aufgebessert werden. Günstig sind Düngemittel, die wenig Stickstoff, dafür aber um so mehr Kalium und Phosphat enthalten. Knochenmehl oder Chrysanthemen- bzw. Rosen-Dünger sind besonders vorteilhaft. Sie werden vor der Pflanzung in die Erde gebracht oder unmittelbar danach auf die Oberfläche gestreut, so daß sie den Wurzeln in jedem Fall dann verfügbar sind, wenn das Wachstum beginnt.

Blumenzwiebeln im Gras

Viele Zwiebelpflanzen gedeihen recht gut im Gras, und solche Bestände sehen in Parks und Gärten auch recht natürlich aus. Märzenbecher und Schneeglöckchen, aber auch viele Krokus-Varietäten (*Crocus vernus, Crocus tommasinianus,* Dutch Yellow u. a.) wachsen unter diesen Bedingungen recht gut. Mit dem Mähen solcher Rasenflächen muß man aber warten, bis die Blätter der Pflanzen von selbst verwelken oder einziehen, was gewöhnlich etwa im Mai eintreten wird. Später blühende Arten sind für den gepflegten Rasen vielleicht weniger geeignet, weil mit dem Mähen sogar noch bis Juli gewartet werden muß. Man kann ihnen jedoch eine besondere Ecke mit ungehindertem Graswuchs an einer bestimmten Stelle im Garten reservieren. Eine als Wiesengarten angelegte Kultur gleicht ökologisch am ehesten einer subalpinen Wiese, die erst mitten im Sommer geschnitten werden kann. Solange das Gras noch kurz ist, beginnt die Sukzession mit Märzenbecher, Schneeglöckchen, *Crocus*-Arten und Hasenglöckchen. Mit dem ersten Graswuchs erscheinen die größeren Arten, beispielsweise Narzissen, spätblühende Knotenblumen, *Fritillaria*-Arten, verschiedene Tulpen oder *Ornithogalum*-Arten. Zuletzt erscheinen etwa *Tulipa sprengeri* oder andere kultivierte Formen neben *Lilium pyrenaicum* oder *Lilium martagon* bzw. *Iris latifolia,* die bis Ende Juni die Blühfolge abschließen. Etwa Ende Juli kann das Gras geschnitten werden, wenn die Blätter aller Zwiebelpflanzen verwelkt sind. Je nach Witterung können noch ein oder zwei Schnitte folgen, bevor im September verschiedene Herbst-Krokusse (*Crocus speciosus* und *Crocus nudiflorus*) oder *Colchicum*-Arten erscheinen. Nach deren Abblühen kann im November noch eine letzte Mahd erfolgen, bevor eventuell sogar schon die ersten Blätter der Frühjahrsblüher austreiben.
Wenn der Boden von Natur aus sauer reagiert und zudem auch sandig ist, bietet sich eine andere Zusammenstellung an. Besonders geeignet sind in diesem Fall verschiedene *Crocus*-Arten und kleine Narzissen (*Narcissus bulbocodium* und *Narcissus cyclamineus* an feuchteren Stellen, *Narcissus triandrus* an trockeneren). Auch mit einer abgeänderten Sorten- und Varietätenwahl kann man sich eine alpine Wiese pflanzen, wobei mitunter bereits Ende Juni oder Anfang Juli mit dem Mähen begonnen werden kann.

Blumenzwiebeln unter Sträuchern und Bäumen

Zahlreiche Zwiebeln und Knollen gedeihen ausnehmend gut unter verschiedenen Laubbäumen und -sträuchern. Meist entwickeln sie sich bereits zu einem Zeitpunkt, an dem die Gehölze noch keine Belaubung haben und die Blumen folglich noch nicht stark beschatten. Die Wurzeln der Bäume und Sträucher halten besonders während der Sommermonate den Boden einigermaßen trocken, was für die Entwicklung vieler Zwiebeln besonders wichtig ist. Märzenbecher, Winterlinge, Alpenveilchen, *Scilla*-und *Muscari*-Arten, *Trillium* oder *Erythronium* und sogar die elegante Türkenbund-Lilie gedeihen unter diesen Bedingungen sehr gut. Die sommerliche Trockenheit und der Schatten durch den Kronenschluß verhindern zudem allzu üppigen Graswuchs. Kleinblättrige Efeu-Formen oder Immergrün behindern die Entwicklung der Zwiebeln kaum.
Andere Arten, die im Halbschatten gedeihen, bevorzugen gleichzeitig etwas feuchteren Boden. Solche Bedingungen sind besonders zwischen kleineren Rhododendron-Sträuchern gegeben, deren Wurzelsystem den Boden nicht allzu sehr austrocknet. Beim Auspflanzen der Zwiebeln sollte man darauf achten, daß die Pflanzen gegebenenfalls vor der sehr warmen Morgensonne geschützt werden, die ihrer Entwicklung mitunter nicht sehr förderlich ist. Viele Zwiebeln, die solche Ansprüche an Licht, Feuchtigkeit und Temperatur stellen, lassen sich recht gut in einem Torfbeet pflanzen.

Der Zwiebelkasten

Im Text wird häufig die Empfehlung gegeben, die Kultur einer Zwiebel oder Knolle im Zwiebelkasten zu versuchen. Seine Funktion besteht ganz einfach darin, die Zwiebeln oder Knollen während des Sommers ziemlich und im Winter einigermaßen trocken zu halten. Wärmeschutz oder -isolierung kann diese Einrichtung nicht geben. Der Zwiebelkasten oder -rahmen besteht im einfachsten Fall aus einem Metallgestell aus Aluminium oder Stahlblech, das mit wenigen Handgriffen zerlegt werden kann. Innerhalb dieses Rahmens sollte sich die Luft ungehindert umwälzen können, weswegen man seine Seiten nach Möglichkeit immer offen hält.

Plastikkörbe unterschiedlicher Größe mit Alu-Streifen zur Kennzeichnung

Das Beet, in das man Zwiebeln pflanzen möchte, sollte etwas höher liegen als der umgebende Grund, damit überschüssiges Wasser besser abziehen kann. Seine Seiten kann man aus Ziegelsteinen, Natursteinen oder auch aus Eisenbahnschwellen (vgl. Bild auf Seite 8) fertigen. Wenn im Garten Maulwürfe oder Wühlmäuse sind, erhält das Blumenzwiebelbeet als unterste Lage eine Maschendrahtverspannung, die so eng gewählt wird, daß auch die kleineren Schädlinge ferngehalten werden. Die Seitenhöhe sollte mindestens 30 cm betragen, kann aber auch hüfthoch sein, was besonders den Umgang mit sehr kleinen Blumenzwiebeln erleichtert.
Auf die Drahtverspannung folgt eine Lage aus grob zerkleinerten Steinen, Schlacke oder Kies, um gründlichen Wasserabzug zu gewährleisten. Darüber bringt man eine Lage aus Torf, Blattkompost oder gealtertes Pilzsubstrat, insgesamt etwa 10 cm hoch, aus. Erst darüber folgt der Kompost, in dem die Wurzeln der Blumenzwiebeln oder Knollen sich entwickeln sollen. Er sollte aus Lehm, Torf, Blattkompost, Sand und Kies zu etwa gleichen Anteilen bestehen. Pflanzen, die einen weniger nährstoffreichen Boden benötigen oder sehr kleine Zwiebeln haben, bekommen ein Kultursubstrat mit höherem Sand- oder Kiesanteil. Gemahlener Kalkstein, wie er beispielsweise auch in Geflügelfarmen verwendet wird, hat sich als besonders günstige Zutat erwiesen. Für sehr kleine Zwiebelbeete, -kästen oder -rahmen kann man auch einfach sterilisierte Blumenerde als Zusatz verwenden. Die Schüttung dieses Substrats sollte aber immer etwa 15–20 cm betragen. Die Zwiebeln oder Knollen werden entweder nur leicht in die Oberfläche eingedrückt oder in kleine Vertiefungen gesetzt, die zusätzlich noch etwas mit Sand ausgekleidet werden. Dies erleichtert bei *Fritillaria*-Arten, bei Krokussen oder auch *Iris reticulata* das Wurzelwachstum in beachtlichem Maße. Gegebenenfalls erhält der Zwiebelkasten oder das Beet noch eine oberste Schüttung (ca. 3–5 cm) aus Kies, die für eine gute Drainage unmittelbar im Halsbereich der Speicherorgane sorgt. Wichtig ist, alle Zwiebeln bzw. ihre genauere Lage im Kasten oder Beet zu markieren. Ähnliche, leicht verwechselbare pflanzt man nicht allzu dicht beieinander. Außerdem müssen sie leicht entfernt werden können, wenn sie ihre Ruheperiode begonnen haben. Man kann das Beet mit Hilfe von Schieferplatten in kleinere Gevierte einteilen oder auch Körbe bzw. Gestelle aus Plastik verwenden, wie sie besonders beim Pflanzen von Wasserpflanzen zum Einsatz kommen (Bild Seite 9). Diese Methode hat zudem den Vorteil, daß man Aluminiumstreifen oder andere Vorrichtungen zur Beschriftung des Pflanzgutes leicht und unverwechselbar anbringen kann. Auf diese

Weise kann selbst in einer größeren Zwiebelanlage kaum etwas verlorengehen.

Wässern und Düngen

Viele der überdauernden Zwiebeln beginnen ihr Jahreswachstum im Frühherbst und leiten ihre Ruheperiode im nächsten Frühjahr ab etwa Ende Mai ein. Dieser Entwicklungsrhythmus kann sich besonders gut im Zwiebelbeet oder -kasten einstellen, nur muß beim Gießen und Bewässern den besonderen Eigenheiten der Pflanzen entsprechend Rechnung getragen werden. Im September sollte man sehr gründlich gießen und das Beet einmal kräftig unter Wasser setzen. Bei anhaltend warmem und trockenem Frühherbstwetter kann der Vorgang im Oktober noch einmal wiederholt werden. Bis zum Frühjahr ist nun keine weitere Wasserversorgung erforderlich. Erst wenn sich die Sprosse im März oder April zeigen, wird immer wieder einmal etwas gegossen, besonders an sonnigen, windigen Tagen, so daß die jungen Blätter und die Beetoberfläche rasch wieder abtrocknen können. Flüssigdünger kann dem Frühjahrsgießwasser zugemischt werden, wobei auf möglichst geringen Stickstoffgehalt zu achten ist. Dadurch wird der Blühvorgang unterstützt und allzu üppiges Blattwachstum eingeschränkt. Immer wenn die Blätter zu groß und kräftig geworden sind, besteht ein erhöhtes Risiko für Pilzbefall durch *Botrytis*-Arten.

Zwiebeln im Kalthaus

Eigentlich erfolgt die Blumenzwiebelkultur im Kalthaus ebenso wie im Zwiebelbeet oder -kasten, nur muß man mit der Wasserversorgung noch vorsichtiger sein, damit während der Wachstumsphasen keine Trockenzeiten auftreten. Selbst wenn die Zwiebeln während der Wachstumsphasen nur für kurze Zeit austrocknen, gehen sie sofort zur Ruheperiode über und sind durch nichts zur Weiterentwicklung vor dem nächsten Herbst zu bewegen. Daher werden die Blumentöpfe am besten etwas in Sand eingeschlagen und können so auf indirektem Wege mit der erforderlichen Wassermenge versorgt werden. Gegenüber dem Zwiebelkasten hat ein Kalthaus den großen Vorteil, daß extremen winterlichen Temperaturen viel besser und wirksamer begegnet werden kann. Zudem kann man unter diesen Bedingungen auch solche Arten kultivieren, die bereits sehr zeitig im Jahr blühen. Nach dem Abblühen der Pflanzen und dem Verwelken der Blätter werden die Töpfe an geschützter Stelle bis zum nachfolgenden Herbst aufbewahrt, damit die Blumenzwiebeln oder -knollen ihre sommerliche Ruhe wahrnehmen können.

Vermehrung

Die meisten Arten vermehren sich unter Kulturbedingungen recht gut. Sie produzieren entweder reichliche Mengen Samen oder vermehren sich vegetativ durch Anlage neuer Zwiebeln und Knollen. Viele handelsübliche Sorten sind besonders im Hinblick auf ihre Vermehrungskraft ausgewählt worden, so daß von dieser Seite eigentlich kaum Schwierigkeiten zu erwarten sind. Einige Arten, darunter die selteneren, erfordern jedoch mehr Sorgfalt und Pflege.

Samen

Die Samenproduktion ist die beste und sicher auch einfachste Methode der Vermehrung. Wenn mehrere Arten einer Gattung dicht beieinanderstehen, ist es ratsam, eine Bestäubung von Hand auszuführen und eventuell sogar die Blüten mit Gazebeuteln vor Insektenbestäubung zu sichern. Die Mehrzahl aller Arten mit sehr auffälligen Blüten sind selbststeril. Daher wird man eine Bestäubung nur zwischen zwei Blüten verschiedener Pflanzen vornehmen können. Die Samen der meisten Arten sollten möglichst noch in der gleichen Saison, am besten im Frühherbst, ausgesät werden. Sie benötigen mitunter die winterliche Kälte, um im nachfolgenden Frühjahr zu keimen, und bleiben deshalb während des Winters draußen im Zwiebelkasten oder -beet. Manche Arten, beispielsweise die meisten Lilien, benötigen ein kompliziertes Faktorengefüge, so daß sich das Auskeimen mitunter sogar um ein ganzes Jahr verschieben oder verzögern kann. Insofern ist bei der Aufzucht von Sämlingen etwas Geduld erforderlich. Die Jungpflanzen werden erst im zweiten Jahr nach dem Keimen getrennt und in einzelne Töpfe umgepflanzt.

Teilung

Wenn keimfähiger Samen nicht erhältlich ist oder aufgrund biologischer Barrieren nicht zustandekommen kann, empfiehlt sich die vegetative Vermehrung der Zwiebeln durch Teilung. Dafür gibt es je nach Art verschiedene Möglichkeiten:
Narzissen, Hyazinthen oder *Allium*-Arten werden zur Entwicklung neuer Zwiebeln angeregt, indem man einen kreuzförmigen Schnitt durch die Wurzelscheibe auf der Zwiebelunterseite legt, bis etwa zu einem Drittel eintieft und einen kleinen Stein in den Schnittpunkt legt, der die Viertel auseinanderdrückt. Jedes Viertel entwickelt sich dann zu einer eigenen, vollwertigen Zwiebel. Den Schnitt legt man am besten während der sommerlichen Ruhepause an.

Zwiebelschädlinge: Verschiedene Nacktschnecken und Raupe

Zwiebeln mit nur wenigen Schuppenblättern (wie bei *Fritillaria*-Arten) vermehrt man dadurch, daß die Schuppen einzeln abgebrochen und separat ausgepflanzt werden. Das Bruchstück mit der schon angelegten Blütenknospe für die nächste Vegetationsperiode wird wahrscheinlich blühen und sich so verhalten, als sei nichts geschehen. Die übrigen Stücke entwickeln sich innerhalb eines Jahres zu einer blühfähigen Zwiebel. Bei größeren Zwiebeln wie etwa bei *Fritillaria imperialis* kann man auch mit einem scharfen Messer eine Teilung vornehmen.
Vielschuppige Zwiebeln (z. B. von *Lilium*-Arten) werden ebenfalls zerlegt und als Einzelschuppen ausgepflanzt. In sehr lockerem Torfboden bildet sich an der Schuppenbasis bald eine neue Zwiebel, die wie ein Sämling behandelt wird.
Die Vermehrung von Krokussen ist etwas schwieriger. Um die vegetative Vermehrung anzuregen, muß man den Hauptsproß sorgfältig herausschneiden. Dann werden sich an den Seiten sehr bald Adventivknospen entwickeln.
Knollen und Rhizome kann man dadurch vermehren, daß sie einfach in mehrere Stücke zerschnitten werden, wobei jedes Teil natürlich ein „Auge" (= Vegetationspunkt) aufweisen muß. Bei *Trillium*-Arten legt man am besten den wachsenden Teil des Rhizoms vorsichtig frei, indem man die Erde etwas entfernt, ohne die Wurzeln zu stören. Dann schneidet man hinter der Stelle ab, die den Jahreszuwachs markiert. Bald werden sich mehrere kleine Achsenstücke entwickeln, die noch im Sommer entfernt und getrennt in gute Gartenerde eingepflanzt werden.
Ist nur ein Rhizom verfügbar und soll dieses auch noch zur Blüte kommen, schneidet man an der Basis der Jahreszuwachszone keilförmig einen schmalen Ring ein. An diesem Schnitt werden sich ziemlich rasch ebenfalls neue Achsenstücke entwickeln.

Larve der Narzissenfliege

Larven des Zwiebel-Rüsselkäfers

Schädlinge und Krankheiten

Solange Zwiebeln oder Knollen von Hobbygärtnern nur in kleinen Mengen gezogen werden, sind sie erstaunlich widerstandsfähig gegen Schädlingsbefall oder Krankheiten. Erst wenn sie in großen Stückzahlen zusammenstehen, können erhebliche Probleme auftreten. Besonders wenn die Pflanzen dann auch noch der gleichen Art oder Gattung angehören (Monokultureffekt), können sich Infektionen sehr rasch ausbreiten.

Schädlinge

Zwiebeln und Knollen werden von verschiedenen Tieren als Nahrung aufgenommen, aber nur wenige sind als Schädlinge wirklich ernst zu nehmen. Auch die Blüten sind vor ihnen nicht sicher. Sperlinge stürzen sich sehr gerne auf Krokusblüten oder andere Frühblüher und zerzausen sie in kurzer Zeit. Mäuse können besondere Vorlieben für bestimmte Zwiebeln entwickeln und dann innerhalb weniger Tage enorme Schäden anrichten. Auf schweren, überwiegend feuchten Böden sind die verschiedenen Schneckenarten die größte Gefahr, darunter besonders die kleinen Arten, die unterirdisch leben und es besonders auf die weichen Teile der Zwiebeln abgesehen haben. Gießen mit eigens angerührten Bioziden erfaßt immer nur einen Teil der Schneckenpopulation. Der wirksamste Schutz ist immer noch eine Packlage von grobem Kies oder Schlakke rund um das Zwiebelbeet. Besonders die Lilien werden durch Schnecken stark geschädigt. Schneeglöckchen oder Narzissen sind offenbar weniger gefragt. Über der Oberfläche lebende Schnecken sind gewöhnlich weniger gefährlich.

Iris reticulata: Zwiebeln mit Tintenstrich-Erkrankung (*Mystrosporium adjustum*)

Iris pseudocaucasica und **Colchicum** mit *Botrytis*-Befall

Recht tückisch sind die Larven eines Rüsselkäfers (*Otiorrhynchus sulcatus*), die sich auf *Cyclamen* oder andere vorzugsweise in Töpfen kultivierte Arten spezialisiert haben. Beim ersten Anzeichen eines Befalls müssen die Pflanzen sofort sorgfältig umgetopft und die gesamte alte Topferde verbrannt werden. Die Käfer selbst sind nachtaktiv und werden am besten in einer Lichtfalle gefangen. Andere nachtaktive Weidegänger sind auch die grünen und braunen Raupen verschiedener Nachtfalter, besonders von Eulen der Gattungen *Noctua* und *Agrotis*. Sie bevorzugen trockene Kleinbiotope und verstecken sich tagsüber tief im Boden.

Außer diesen Fraßschädlingen gibt es noch einige seltener auftretende Formen. Die Narzissenfliege (drei verschiedene Arten) legt ihre Eier in die welkenden Blätter von Narzissen. Die Larven wandern dann zu den Zwiebeln und höhlen sie allmählich aus. Befallene Zwiebeln müssen sofort entfernt und verbrannt werden.

Der Lilienkäfer ist eine hübsche, rote Erscheinung. Er ernährt sich von den Blättern und Knospen fast aller Lilien-Arten. Seine Larven sind außerordentlich gefräßig, sie verzehren eine erwachsene Lilie in kurzer Zeit. Auch *Fritillaria*-Arten werden von ihnen befallen.

Blattläuse verursachen größere Probleme, weil durch ihren Stich verschiedene Virusinfektionen übertragen werden können. Sobald sich Blattlaus-Kolonien zeigen, ist der Einsatz eines Sprühgiftes angezeigt.

Krankheiten

Pflanzenkrankheiten, die durch Pilze, Bakterien oder Viren hervorgerufen werden, sind meist nicht leicht zu identifizieren. Die schlimmsten Erreger sind verschiedene Pilze der Gattung *Botrytis*. Sie befallen, besonders bei warmem, feuchtem Wetter, die Blätter und Stengel und beginnen als harmlos aussehende, braune bis braungraue Flecken nahe dem Erdboden. Befallene Teile oder Pflanzen sollten rasch entfernt werden. Der Einsatz eines Fungizids wird einen Ausbruch des Befalls meist wirksam kontrollieren oder verhindern. Mitunter ist es ratsam, die Zwiebeln vor dem Auspflanzen in eine Fungizidlösung einzutauchen. Dadurch werden die Erreger zum größten Teil in Schach gehalten.

Häufig tritt bei *Iris*-Arten die sogenannte Tintenfleckenkrankheit auf, die sich durch dunkle Tintenstriche auf den Zwiebelschalen zu erkennen gibt. Solche Zwiebeln sind bereits unbrauchbar und sollten verbrannt werden. Die benachbarten Exemplare werden am besten mit einer Fungizidlösung behandelt.

Virusbefall tötet die betreffenden Pflanzen meist nicht ab, schwächt sie jedoch und erzeugt unansehnliche Fleckenmuster. Viele Kulturvarietäten sind erstaunlich resistent gegen Viren. Im Fall der Tulpen erzeugen die Viren die hübschen Farbeffekte, wie sie auf den Seiten 131 f. gezeigt werden. Solche Varietäten werden unter der Handelsbezeichnung 'Rembrandt-Tulpen' geführt und sollten nicht in unmittelbare Nachbarschaft normalfarbiger Exemplare stehen. Das gleiche gilt für *Iris*-Arten, bei denen Viren blaßgelbe Flecken auf den Blättern hervorrufen. Viele *Lilium*-Arten können vergleichsweise leicht infiziert werden, während Fritillarien erstaunlich widerstandsfähig sind. Virusinfektionen kontrolliert man am ehesten durch rigoroses Entfernen aller befallenen Pflanzen, durch Biozidattacken gegen die übertragenden Blattläuse oder durch eine Quarantäne neuerworbener Pflanzen. Man kann zwar heute durch Gewebekultur auch von befallenen Varietäten virusfreie Stämme erhalten, doch ist dies eine sehr aufwendige und komplizierte Möglichkeit. Eigenartigerweise werden Viren auch nicht auf die Samen übertragen, so daß man auf diesem Wege befallsfreie Pflanzen erhalten kann.

Einige Fachausdrücke

Anthere Teil des Staubblattes, in dem die Pollen entwickelt werden.
Achsel Winkel zwischen Stengel und Blattstiel.
Bulbillen Brutzwiebeln.
Corona Nebenkrone, röhriger Teil vor den getrennten Blütenblättern einer Narzisse.
Cultivar kultivierte oder kultivierbare Varietät einer Art.
diploid Pflanze enthält in ihren Zellen den doppelten Chromosomensatz (Normalfall).
Filament stielartiger Abschnitt eines Staubblattes, der die Antheren trägt.
Hybride Bastardpflanze, durch Kreuzung nicht artgleicher Individuen entstanden.
Infloreszenz Blütenstand
Perianth Blütenhülle, meist in einen unscheinbaren Kelch und in eine Krone gegliedert (z. B. Nelke oder Rose).
Perigon einfache Blütenhülle, nur aus ± gleichförmigen Blütenhüllblättern bestehend, die man nicht nach Kelch- oder Kronblättern unterscheiden kann (z. B. Tulpe).
Rhizom unterirdisch wachsender, meist verdickter Sproßteil.
Spadix kolbenförmiger Fortsatz am Blütenstand.
Spatha Hochblatthülle.
Stigma Narbe.
triploid Pflanze enthält in ihren Zellen drei vollständige Chromosomensätze.
Tunika äußere Hülle oder Schale bei Zwiebeln oder zwiebelähnlichen Gebilden (Krokus).
Wirtel Gruppe von Blättern oder Blüten, die alle an der gleichen Stelle des Stengels ansetzen.

2/3 nat. Größe, Aufnahme 11. Februar

a Galanthus plicatus BIEB. Amaryllisgewächse (*Amaryllidaceae*)
Heimat: Westliches Rußland, östliches Rumänien, auf der Krim; in Wäldern und Gebüschen. Blüte: II–III. Höhe: 12–25 cm. Von anderen im Frühjahr blühenden Schneeglöckchen-Arten durch die in der Blattscheide zurückgefalteten Blattränder unterschieden. Blätter bläulich-grün. Jedes der inneren Perigonblätter mit einem einzelnen, grünen Fleck. Auch eine gefüllte Form ist bekannt. Einfache Kultur in feuchter Gartenerde, Schatten- bis Halbschatten.

b Galanthus plicatus × nivalis
Kräftige Gartenhybride. Blätter teils flach, teils gefaltet in der Blattscheide, so daß die Eltern *G. plicatus* und *G. nivalis* erkennbar sind. Anderer Name: *G. × grandiflorus*. In Kultur angeblich kurzlebig.

c, e Galanthus elwesii HOOK. f.
Heimat: Jugoslawien, Rumänien, Ukraine, südlich bis Griechenland und westliche Türkei; in Wäldern, Gebüschen und an felsigen Standorten. Blüte: II–IV. Höhe: 10–30 cm. Von anderen Arten durch auffällig bläulich-grüne Blätter unterschieden, von denen eines dem nachfolgenden eingefaltet ist. Innere Perigonblätter meist mit 2 grünen Flecken, die mitunter zusammenfließen, so daß das gesamte innere Perigon dunkelgrün erscheint. Höhe und Breite der Blätter sehr variabel. Einfache Kultur auf etwas trockeneren Böden als bei den übrigen Arten.

d Frühlingsknotenblume, Märzenbecher
(*Leucojum vernum* L.)
Heimat: Mittleres Europa (Westrußland und Rumänien bis Belgien und den Pyrenäen, in Südengland, Dänemark, den Niederlanden eingebürgert); vor allem in edellaubholzreichen Wäldern, Gebüschen und Feuchtwiesen, meist gesellig. Blüte: III–V, meist unmittelbar nach der Schneeschmelze. Höhe: 15–25 cm, manchmal auch bis 35 cm. Pflanzen aus dem westlichen Verbreitungsraum mit grünem Fleck auf jedem Perigonblatt, aus dem östlichen Verbreitungsraum mit gelblichem Mal und etwas größer, werden als var. *carpathicum* SWEET von der Typform unterschieden. Die var. *vagneri* STAPF aus Ungarn ist ebenfalls kräftig gebaut, mit 2 Blüten am Schaft (s. Bild). Einfache Kultur auf feuchter Gartenerde, Schatten- oder Halbschatten.

f Galanthus elwesii ssp. **minor** D.A. WEBB
(= *G. graecus*)
Heimat: Nordost-Griechenland, Südbulgarien, auf einigen Ägäischen Inseln; in Wäldern zwischen 100–1300 m Höhe. Blüte: II–III. Besondere Kennzeichen: Schmale, schraubig gewundene Blätter, blaß gelblich-grüner Fruchtknoten, innere Perigonblätter mit sehr großem, basalem Fleck. Schaft 8–12 cm hoch. In Bulgarien sehr häufig Zwischenformen zwischen ssp. *minor* und ssp. *elwesii*. Anderer Name: *G. maximus* VELEN. Kultur einfach, bevorzugt sonnige, offene Standorte und trockenen Boden.

g, h Kleines Schneeglöckchen (*Galanthus nivalis* L.)
Heimat: Fast ganz Europa, mit Ausnahme des westlichen Teils; in England, Schottland, den Niederlanden, Belgien und Skandinavien eingebürgert; edellaubholzreiche Wälder und Gebüsche, in Deutschland wild nur im Rhein- und Donautal. Blüte: I–III. Höhe: 10–20 cm. Blätter bläulich-grün, flach in der Blattscheide, innere Perigonblätter immer mit einzelnem, grünem Fleck. Häufig gefüllte Formen.

2/3 nat. Größe, Aufnahme 11. Februar

2/3 nat. Größe, Aufnahme 25. Februar

a Galanthus nivalis 'Scharlockii'
Spätblühende Form des Kleinen Schneeglöckchens (*Galanthus nivalis*) mit langem, zweigeteiltem Hochblatt und kleinen Blüten. Jedes äußere Perigonblatt mit blaßgrüner Zeichnung. Diese Form wurde Mitte des 19. Jahrhunderts von JULIUS SCHARLOCK im Nahetal, einem Nebenfluß des Rheins, gefunden.

b, c Galanthus ikariae BAKER
Heimat: Ägäische Inseln Andros, Tinos, Ikaria, nördliche Türkei, Kaukasus; in Wäldern und an beschatteten Felsen im Bergland. Blüte: II–III. Hier werden zwei unterschiedliche Formen gezeigt:
Typ b mit sehr schlankem Schaft und kleinem, grünem Fleck auf den inneren Perigonblättern. Diese Pflanze wurde in der nördlichen Türkei gesammelt, sie gleicht den Pflanzen der Insel Andros.
Typ c ist eine Gartenform mit relativ kurzen Blättern und kräftigen Blüten, innere Perigonblätter fast vollständig grün. Herkunft unklar.
Beide Formen unterscheiden sich von anderen Schneeglöckchen-Arten durch ihre glänzendgrünen Blätter, deren obere Spitzen immer zurückgebogen sind.

d Galanthus byzantinus BAKER
Heimat: Nordwest-Türkei in Höhen zwischen 100–500 m; auf Feldern und in Gebüsch. Blüte: I–III. Ähnelt sehr *G. plicatus*, unterscheidet sich von dieser Art nur durch die an der Basis grün gefleckten inneren Perigonblätter. Blätter in der Scheide am Rande zurückgefaltet, dunkelgrün, manchmal etwas bläulich. 10–20 cm hoch. Kultur einfach, benötigt gute Gartenerde. Sonne oder Schatten.
Freilandaufnahme aus Abant, nordwestliche Türkei (März 1975).

e Galanthus elwesii HOOKER F.
Kleine, schmalblättrige Varietät aus der nordwestlichen Türkei. Die Art wurde nach H.J. ELWES (1846–1922), einem britischen Sportler und Pflanzensammler, benannt, der eine Monographie der Gattung *Lilium* und ein Buch der in Großbritannien vorkommenden Bäume verfaßt hat. Vergleiche auch Seite 12, Bild c und Seite 13, Bild e.

Galanthus platyphyllus TRAUB & MOLDENKE (= *G. latifolius* RUPR.)
Heimat: Zentraler und westlicher Kaukasus; in alpinen und subalpinen Wiesen. Blüte: V–VI. Gleicht sehr *G. ikariae*, wird aber meist wesentlich größer. Blüten auf kürzeren Stielchen, innere Perigonblätter ungeteilt, mit kräftig grünem Fleckenmal. Aufnahme aus dem mittleren Kaukasus an der Südseite des Krestovja-Paß in 2500 m Höhe (Mai 1978).

Galanthus platyphyllus Mittlerer Kaukasus Mai 1978

Galanthus byzantinus Nordwest-Türkei März 1975

3/4 nat. Größe, Aufnahme 13. Februar

Iris rosenbachiana, 1/2 nat. Größe

Galanthus ikariae, Aufnahme 21. März

1/2 nat. Größe, Aufnahme 13. Februar

a Galanthus ikariae BAKER
Die hier abgebildete Form wurde auf der Insel Andros gesammelt, sie gleicht sehr dem auf Seite 14 (b) abgebildeten Exemplar.

b Galanthus forsteri BAKER
Heimat: Türkei, Libanon; zwischen felsigem Gestein und Gebüsch in Höhen um 1600 m. Blüte: II–III. Zeichnet sich durch ziemlich breite, dunkelgrüne Blätter aus, jedes der inneren Perigonblätter trägt 2 meist deutlich getrennte, grüne Flecken. Gartenkultur schwierig.

c Galanthus rizehensis STERN
Heimat: Nordöstliche Türkei im Vorland des Pontus-Gebirges um 150 m Höhe oberhalb Rize und Trabzon; in Wäldern. Blüte: I. Ähnelt dem heimischen Kleinen Schneeglöckchen (*G. nivalis*), besitzt jedoch auffallend glänzende Blätter. Gartenkultur einfach. Kulturbedingungen wie für die meisten anderen Arten der Gattung.

d, e Galanthus caucasicus (BAKER) GROSSH.
Heimat: Kaukasus, an den Küsten des Kaspischen Meeres; in Wäldern des Hügellandes. Blüte: XII–III. Sehr variabel in Blattbreite, Größe und Blütezeit. Kennzeichnend sind die bläulich-grünen Blätter, die ineinander gefaltet sind. Kräftige und leicht zu kultivierende Gartenpflanze. Schatten.

f Galanthus nivalis 'Magnet'
Große Gartenform des heimischen Kleinen Schneeglöckchens, die von J. ALLEN im späten 19. Jahrhundert gezüchtet wurde. Blüte hängt an einem sehr langen, schlanken Stielchen.

g Galanthus nivalis 'Atkinsii'
Große, sehr kräftige Form des Kleinen Schneeglöckchens, von J. ALLEN nach JAMES ATKINS benannt. Blüte sitzt an einem recht kurzen Stielchen, das meist im Hochblatt eingeschlossen bleibt.

h Galanthus nivalis 'Lutescens'
Kleine, meist sehr bleiche Form des Kleinen Schneeglöckchens, im 19. Jahrhundert in Northumberland aufgetreten. In Kultur schwieriger als wild.

i Galanthus allenii BAKER
Ursprung unklar. Merkmale liegen zwischen denen von *G. caucasicus* und *G. ikariae*. Entdeckt von JAMES ALLEN in einer Lieferung Zwiebeln, die aus dem Kaukasus kam. Möglicherweise ist diese Form hybriden Ursprungs.

j Galanthus nivalis 'S. Arnott'
Gartenform des Kleinen Schneeglöckchens, nach SAMUEL ARNOTT benannt, der sie im 19. Jahrhundert in die Gartenkultur einführte. Die äußeren Perigonblätter sind bei dieser Varietät auffallend kurz und breit.

Iris rosenbachiana REGEL (= *Iris nicolai* VVED.) Schwertliliengewächse (*Iridaceae*)
Heimat: Zentralasien, vor allem im Pamir und nordöstlichen Afghanistan; an sehr steinigen, feinerdearmen, trockenen Standorten. Blüte: III–IV. Während der Blüte etwa 10 cm hoch, später strecken sich die Laubblätter auf ca. 15 cm Länge. Bild: Ursprünglich als *Iris nicolai* beschriebene Pflanze, die von der purpurblütigen *Iris rosenbachiana* zunächst unterschieden wurde. Beide werden jetzt als Farbvarietäten der gleichen Art angesehen. Ziemlich selten. Gartenkultur schwierig.

3/4 nat. Größe, Aufnahme 11. Februar

a Crocus alatavicus REGEL & SEMENOV
Heimat: Zentralasien, besonders im Ala-Tau, Tienschan und Pamir; an steinigen, trockenen Standorten im Gebüsch. Blüte: II–V, je nach Höhenlage, meist zusammen mit dem gelben *Colchicum luteum*, während der gelbe *Crocus korolkowii* meist mit dem weißen *Colchicum kesselringii* zusammen vorkommt. Kultur im Zwiebelkasten einfach.

b Crocus korolkowii REGEL & MAW
Heimat: Nord-Afghanistan, Zentralasien, besonders Tienschan und Pamir; an steinigen oder grasbewachsenen Standorten zwischen 600–2600 m. Blüte: II–V. Kultur im Zwiebelkasten einfach, am besten jedoch im Freiland.

c Crocus graveolens BOISS. & REUT.
Heimat: Süd-Türkei, Syrien, in steinigem, offenem Gelände, in Gebüschen und Kiefernbeständen um etwa 1000 m. Blüte: II–III. Unterschied zu den übrigen gelbblühenden Arten: Fein zerteilte, in rund ein Dutzend feine Fäden auslaufende Narbe. Blätter zahlreich, sehr schmal, graugrün, in einer Scheide mit geraden Fasern. Blüten duften nach Holunder. Die nah verwandte Art *Crocus virellinus* WAHL. besitzt wenige, breite, dunkelgrüne Blätter. Kultur im Zwiebelkasten einfach.

d Crocus nevadensis AMO
Heimat: Südostspanien, Nordafrika; in Bergwiesen, Gebüsch und Kiefernwäldern von 1000–3000 m Höhe. Blüte: II–IV. Perigonblätter manchmal ohne Zeichnung. Typisch die weißlichen, bewimperten Narben. Sehr empfindlich gegen Befall durch *Botrytis*-Pilze, die die abgestorbene Blüte besiedeln und auch Blätter oder Zwiebel schädigen können.

e Crocus flavus WESTON × **Crocus angustifolius** WESTON
Die leicht netzfaserige Zwiebelhülle weist diese Form als Bastard aus. *Crocus flavus* ist in Südosteuropa heimisch und hat eine glatte, parallelfaserige Zwiebelhülle.

f Crocus candidus CLARKE
Heimat: Westliche Türkei; in Wäldern und Gebüschen. Blüte: II–III. Besonders häufig entlang den Dardanellen und in den Kiefernwäldern oberhalb von Troja. Blätter nur zu 1–2, jedoch ziemlich breit. Griffeläste gelb-orange, mehrfach geteilt. Kultur im Zwiebelkasten einfach.

g Crocus sieberi GAY (= *Crocus atticus* BOISS.)
Heimat: Albanien, Südjugoslawien, Griechenland, Kreta; an steinigen, offenen Standorten im Bergland, in Wäldern oder Gebüsch meist oberhalb 1000 m. Blüte: III–VI. (Weitere Farbvarietäten siehe Seite 24). Kultur im Zwiebelkasten einfach.

Crocus tommasinianus HERBERT
Heimat: Südliches Ungarn, Jugoslawien, Nordbulgarien; in Wäldern und an schattigen Hängen, besonders auf Kalk, meist um 1000 m. Blüte: I–II. Blätter zur Blütezeit gewöhnlich voll entwickelt. Die schmalen Blätter, die purpurnen Blüten und die weiße Perigonröhre unterscheidet diese Art deutlich von *Crocus vernus*. Gartenkultur auf trockenerem Boden oder zwischen Gras möglich.

Crocus tommasinianus

nat. Größe, Aufnahme 11. Februar

a Crocus melantherus Boiss. & Orph.
(= *Crocus crewei* Hooker F.)
Heimat: Süd-Griechenland, westliche Türkei; in immergrünen Eichenwäldern oder -gebüsch und Kiefernbeständen zwischen 100–1000 m. Blüte: XI–III. Freilandkultur in steinigem Boden möglich, wegen der frühen Blütezeit jedoch besser im Zwiebelkasten.

b, c Gold-Krokus (*Crocus chrysanthus* Herbert)
Heimat: Jugoslawien, Rumänien, Griechenland, südliche Türkei; meist auf grasigen, steinigen Hängen zwischen 1000 bis 2000 m. Blüte: III–VI, je nach Höhenlage. Häufigste der als Zierpflanzen verwendeten Arten. Kultur im Freiland leicht möglich.

d Zweiblütiger Krokus (*Crocus biflorus* Miller)
Heimat: Italien, Sizilien, Türkei ostwärts bis Georgien und Nordiran; in feuchten Wäldern und auf offenen, steinigen Hängen, in alpinen Mooren bis 3000 m. Blüte: I–V. Sehr variable Art. Typisch die lilafarbenen oder bläulichen Blüten.

e Crocus weldenii Hoppe & Furnrohr
(= *C. biflorus* var. *albus* Herbert)
Heimat: Südliches Jugoslawien; in Bergwäldern über steinigem Grund in etwa 1000 m, bevorzugt Kalkstandorte. Gartenkultur in steinigem Boden möglich, wegen der frühen Blütezeit jedoch besser Zwiebelkasten.

f Crocus fleischeri Gay
Heimat: Westliche und südliche Türkei; auf trockenen Hängen unter immergrünem Eichengebüsch, bevorzugt Lagen um 1000 m. Blüte: I–V.

g Crocus olivieri Gay (= *C. suterianus* Herbert)
Heimat: Albanien, Jugoslawien, Bulgarien, Griechenland, Türkei; auf offenen Hängen oder in laubabwerfenden Wäldern, von der Küste bis in etwa 1500 m. Blüte: I–III. Pflanzen aus Griechenland haben meist breitere Blätter und sind auf der Außenseite der Perigonblätter leicht purpurn überflogen. Die Unterart *balansae* von der westlichen Türkei zeigt kräftig purpurne Perigonaußenseiten und hat 12, nicht nur 6 Griffeläste.

h Crocus antalyensis Mathew
Heimat: Südwestliche und westliche Türkei zwischen Antalya und Bileçik; in immergrünen Eichengehölzen bei etwa 1000 m. Blüte: II–III. Gartenkultur am besten im Kasten in voller Sonne.

i Crocus minimus DC.
Heimat: Südliches Korsika, Sardinien, in lichten Gehölzen, meist unterhalb 500 m Blüte: I–IV. Freilandkultur in steinigem Boden möglich, wegen der frühen Blütezeit jedoch besser im Zwiebelkasten.

j Crocus cyprius Boiss. & Kotschy
Heimat: Zypern, besonders in den Troodos-Bergen; bevorzugt steinige Wuchsorte. Blüte: I–IV. Von *Crocus hartmannianus* durch die papierartige Zwiebelschale unterschieden. Freilandkultur in steinigem Boden möglich, besser jedoch im Kasten.

k Crocus hartmannianus Holmboe
Heimat: Zypern, besonders in den Troodos-Bergen, aber ziemlich selten; bevorzugt Lagen um 800– 900 m. Blüte: II. Mit *C. cyprius* offenbar eng verwandt, jedoch durch kräftigere, derbere Zwiebelschale unterschieden. Freilandkultur möglich, besser jedoch im Kasten.

nat. Größe, Aufnahme 13. Februar

nat. Größe, Aufnahme 13. Februar

Crocus gargaricus

Crocus scardicus KOSANIN
Heimat: Südwestliches Jugoslawien; bevorzugt Lagen zwischen 1700–2500 m in der Nähe bleibender Schneeflächen. Blüte: V–VII.

Crocus sieberi GAY
Freilandaufnahme zwischen Kalamate und Sparta/Griechenland in 1300 m Höhe, April 1972.

Crocus gargaricus HERBERT
Freilandaufnahme in der Nähe von Bursa/nordwestliche Türkei in 2000 m Höhe, März 1975.

Crocus biflorus MILLER
Sehr variable Art, deren Verbreitungsgebiet von Süditalien bis in den nördlichen Iran reicht. Freilandaufnahme bei Bingöl/Zentralanatolien in 2000 m Höhe, Mai 1971.

Gold-Krokus (*Crocus chrysanthus*) Kulturvarietäten
Die meisten der in Gärten kultivierten Krokus-Varietäten gehen auf Kreuzungen von *C. chrysanthus* mit verschiedenen Formen von *C. biflorus* zurück, die eine breite Palette von großblütigen Farbvarianten liefer-ten. Diese Kreuzungen wurden zuerst in der berühmten Zwiebelgärtnerei Van Tubergen/Zwanenburg-Haarlem durchgeführt und sind mit den Namen JOHN HOOG und E.A. BOWLES untrennbar verbunden. Vor allem die von BOWLES eingeführten und häufig nach Vögeln benannten Züchtungen sind heute noch im Handel. Die Abbildung zeigt folgende Varietäten und Gartenformen: **a** 'Advance', **b** 'Goldilock', **c** 'Gypsy Girl', **d** 'Saturnus', **e** 'Blue Bird', **f** 'Blue Pearl' (= 'Blue Giant'), **g** 'Snow Bunting', **h** 'Zwanenburg Bronze', **i** 'Cream Beauty', **j** 'Nanette'.

Crocus biflorus

Crocus sieberi

Crocus scardicus

nat. Größe, Aufnahme 18. Februar

a Crocus versicolor Ker-Gawler
Heimat: Südfranzösische Seealpen; zwischen Gebüsch und an offenen, felsigen Standorten bis etwa 1200 m. Blüte: III–IV. Gartenkultur im Freiland oder im Kasten. Sonnenpflanze.

b Crocus alexandri Ničić ex Velen.
Heimat: Süd-Jugoslawien, besonders in der Umgebung von Skopje. Eigenständigkeit dieser Art ist zweifelhaft, oft auch nur als auffällige Farbvariante von *C. biflorus* aufgefaßt. Seit langer Zeit in Sammlungen und Kulturen.

c Crocus etruscus Parl.
Heimat: Westliches Italien; in laubwerfenden Wäldern und auf offenem, steinigem Gelände. Blüte: II–IV. Die hier abgebildete Pflanze ist die Kulturvarietät 'Zwanenburg'.

d Crocus sieberi Gay var. **sieberi** (= *C. sieberi* var. *heterochromus* Hal. = *C. sieberi* var. *versicolor* Boiss. & Held.)
Heimat: Kreta, im Hügelland oberhalb der Omalos-Ebene. Gartenkultur am besten im Zwiebelkasten. Die Varietät 'Hubert Edelstein' ist eine Hybride zwischen der var. *sieberi* und der var. *atticus*.

e Crocus sieberi Gay f. **tricolor** Burtt.
Sehr hübsche Varietät der Nominatform, die auf dem nördlichen Peloponnes am Berg Chelmos gefunden wurde. Das abgebildete Exemplar ist ungewöhnlich klein.

f Crocus angustifolius Weston (= *C. susianus* Ker-Gawl)
Heimat: Auf der Krim; vereinzelt im Gebüsch und zwischen *Juniperus*-Beständen. Blüte II–III. Gartenkultur im Freiland oder im Kasten. Sonne.

g Crocus biliottii Maw
Heimat: Nord-Türkei, besonders im Pontischen Gebirge; an steinigen oder grasbestandenen Standorten um 2000 m. Blüte: V. Blätter gebogen, ziemlich starr, bläulichgrün. Gartenkultur im Freiland oder im Kasten. Sonne.

h Crocus pestalozzae Boiss.
Heimat: Nordwestliche Türkei auf der europäischen und asiatischen Seite des Bosporus nahe Istanbul; auf Feldern und im Hügelland unterhalb 200 m. Blüte: I–III. Typisch die kleinen schwarzen Flecken am Grunde der Filamente.

i Crocus candidus Clarke
Das hier abgebildete Exemplar stammt aus der Nähe von Çanakkale/Türkei. Näheres s. Seite 19 f.

j Crocus ancyrensis (Herb.) Maw
Heimat: West-Türkei; an trockenen Hängen zwischen 1500–2000 m. Blüte: III–V.

k Crocus baytopiorum Mathew
Heimat: West-Türkei, besonders um Honaz Dağ um 1400 m. Einziger Vertreter der *Crocus vernus*-Gruppe in der Türkei. Gartenkultur leicht möglich.

l Crocus reticulatus Steven ex Adam
Heimat: Südosteuropa von Norditalien und Ungarn bis Bulgarien, südliche Türkei und Kaukasus; in lichten Wäldern und Wiesen bis 2000 m. Blüte: II–IV.

m Crocus gargaricus Herbert
Heimat: Nordwestliche Türkei, besonders um Ulu Dağ und Kaz Dağ; meist in großen Beständen an grasigen Hängen. Gartenkultur einfach, erfordert jedoch aufgetorften Boden.

nat. Größe, Aufnahme 18. Februar

nat. Größe, Aufnahme 18. Februar

a Frühlings-Krokus (*Crocus vernus* (L.) HILL)
Heimat: Hochgebirge Europas, von den Pyrenäen ostwärts über die Alpen bis Polen und Rußland, südlich bis Sizilien und Jugoslawien; meist in großen, ausgedehnten Beständen auf alpinen Matten, in Zwergstrauchbeständen oder lichten Wäldern. Blüte: II–VI. Zwei Unterarten: *C. vernus* ssp. *albiflorus* (KIT.) ASCH. & GRAEB. ist der häufige, weißblühende Krokus der alpinen Matten, der westlich der Tschechoslowakei vorkommt. Seine Kultur ist schwierig. Die Unterart *C. vernus* ssp. *vernus* kann in Parkrasen leicht gezogen werden. Sie ist die Stammform des großen holländischen Purpur-Krokus.

b Crocus veluchensis HERBERT
Heimat: Jugoslawien, Bulgarien, Albanien, Griechenland; auf steinigen, offenen Standorten oder auf grasigen Hängen des Berglandes in der Nähe bleibender Schneeflekken um 2000 m. Blüte: IV–VII, je nach Höhe. In Gartenkultur auf trockenem Grund in der Sonne.

c Crocus dalmaticus VIS.
Heimat: Südwestliches Jugoslawien, nördliches Albanien, besonders verbreitet im Gebiet um Dubrovnik; bevorzugt Standorte auf Kalkgestein zwischen Eichengebüsch oder felsigem Grasland. Blüte: I–IV. Blütenfarbe variiert von gelblichem Weiß bis zu dunklem Violett. Gartenkultur möglich.

d Crocus imperati TEN.
Heimat: Südwestliches Italien, südwärts von Rom; in lichten Wäldern, in Gebüsch und auf Grasland. Blüte: I–III. Die abgebildete Form ist ein Albino. Meist sind die Blüten purpurn bis fast weiß, wobei die äußeren Perigonblätter ein hübsches Streifenmuster zeigen. Bei der ssp. *imperati*, die südlich von Neapel vorkommt, sind die Griffel tieforange, bei der ssp. *suaveolens* (BERTO.) MATHEW sind die Griffel gelb oder hellorange. Gartenkultur möglich.

e Crocus malyi VIS.
Heimat: Nordwestliches Jugoslawien, besonders im Velebit-Gebirge; im Grasland oder an Waldrändern zwischen 650 bis 1000 m. Blüte: III–IV.

f Crocus carpetanus BOISS. & REUT.
Heimat: Zentrales und nordwestliches Spanien, Nord-Portugal; an steinigen Standorten der Gebirge zwischen 1200–2000 m. Blätter im Querschnitt U-förmig. Typisch die weißlichen Griffel und die sehr weichfaserige Zwiebelhülle. Gartenkultur einfach, muß jedoch häufig verpflanzt werden, da reiches vegetatives Wachstum.

g Crocus danfordiae MAW
Heimat: Zentrale und südliche Türkei, besonders um Ankara und im Taurus-Gebirge; auf Kalkuntergrund in 1200–2000 m. Blütenfarbe kann auch kräftig gelb oder bläulich ausfallen. Gartenkultur im Zwiebelkasten möglich.

h Crocus biflorus MILLER
Die abgebildete Form stammt von der Insel Rhodos aus etwa 600 m Höhe vom Berg Profitis Ilias.

i Crocus vernus var. **leucostigma**
Diese Form unterscheidet sich vom Typ durch die schlanken, weißen Griffeläste. Seit Jahren in Kultur bekannt. Herkunft unklar.

nat. Größe, Aufnahme 13. Februar

nat. Größe, Aufnahme 13. März

1/4 nat. Größe, Aufnahme 25. Februar

Crocus corsicus, 1/2 nat. Größe

Sternbergia candida

a–e Frühlings-Krokus (*Crocus vernus*)
Gartenformen
Die hier abgebildeten Formen wurden durch jahrhundertelange Kultur und Zuchtwahl der Wildpflanze *Crocus vernus* ssp. *vernus* erhalten. Die Gartenkultur ist einfach, am besten gedeihen sie in Parkrasen, wo sie allmählich dichte Bestände bilden, daher in genügender Entfernung voneinander setzen. Die abgebildeten Varietäten sind: **a** 'Pickwick' (Blüte noch nicht vollständig entfaltet), **b** 'Remembrance', **c** unbenannte, schon lange in Kultur befindliche Rasse, **d** 'King of the Whites', **e** 'Little Dorritt'.

f Crocus 'Dutch Yellow'
Seit dem 17. Jahrhundert kultivierte Gartenform. Ursprünglich als Abkömmling von *C. flavus* aufgefaßt, neuere Chromosomenuntersuchungen haben jedoch gezeigt, daß es sich um einen triploiden Bastard zwischen *C. flavus* und *C. angustifolius* handelt. Gartenkultur einfach, bevorzugt jedoch eher trockene Standorte.

g Sternbergia fischerana (HERB.) ROEM.
Amaryllisgewächse (*Amaryllidaceae*)
Heimat: Iran bis Kaukasus, Syrien und Türkei; an trockenen, steinigen Hängen in 200–300 m. Blüte: II–III. Kultur am besten im Topf, in dem die Pflanze zur Sommerzeit gut trocknen kann, was den Blütenansatz fördert. Eine gefüllte Form ist bekannt.

h Sternbergia colchiciflora WALDST. & KIT.
Heimat: Gesamtes Mittelmeergebiet, von Spanien und Südfrankreich über Ungarn, Türkei bis zum Iran; meist an trockenen, sonnigen Hängen. Pflanze blüht erst im Herbst. Blätter und Fruchtstände erscheinen im Frühjahr. Kultur möglich, jedoch für das Freiland ungeeignet.

Crocus nubigenus und **Eranthis cilicicus**

Sternbergia candida MATHEW & T. BAYTROP
Heimat: Südwestliche Türkei nahe Fethiye (hier erstmals 1976 von O. POLUNIN entdeckt); im Gebüsch und zwischen Gestein am Rande von Zedernbeständen. Blüte: I–II. Einzige weißblühende Art der Gattung. Perigonblätter 4–5 cm lang, Höhe zwischen 12–20 cm.

Crocus corsicus VANUCCI EX MAW
Schwertliliengewächse (*Iridaceae*)
Heimat: Korsika; nur im Hochgebirge um 2000 m an steinigen oder grasbestandenen Standorten. Blüte: I–VI, je nach Fundort. Zwiebelhülle sehr faserig, fein netzig. Gartenkultur im Zwiebelkasten an trockenen, warm-sonnigen Stellen möglich. Eine der am letzten blühenden Formen.

Crocus nubigenus HERBERT
Kleinart oder Varietät aus dem Formenkreis des *Crocus biflorus*, die vor allem in der südlichen und westlichen Türkei gefunden wird. Sie gleicht etwas *C. melantherus*, die Grundfarbe ist jedoch eher lila als weiß. Begleitart *Eranthis cilicicus*.

nat. Größe, Aufnahme 25. Februar

a Romulea columnae SEB. & MAURI
Heimat: Azoren, westliches England, Kanalinseln, südlich bis Spanien und Nordafrika, Türkei und Israel; an sandigen Standorten in Küstennähe. Blüte: II–III. Blüten ziemlich klein, 1–2 cm lang, meist blaßlila mit gelbem Schlund. Inneres Hochblatt häutig. Gartenkultur in Sandboden einfach.

b Romulea crocea BOISS. & HELD
Heimat: Südliche Türkei; im küstennahen Sandgebiet. Blüte: III. An der gelben Blütenfarbe von anderen mediterranen Arten der Gattung gut zu unterscheiden, sonst *R. bulbocodium* ziemlich ähnlich. Gartenkultur in Sandboden im Zwiebelkasten einfach.

c Crocus biflorus MILLER
Gut kenntliche Form der sehr variablen Art von Ulu Dağ/nordwestliche Türkei. Sehr gut wüchsige Varietät mit bläulichen bis dunkelblauen Blüten. Im Verbreitungsgebiet häufig mit *C. gargaricus* zusammen.

d, e, h Romulea bulbocodium (L.) SEB. & MAURI
Heimat: Mittelmeergebiet von Nordwestspanien und Nordafrika bis Südfrankreich, Jugoslawien, Türkei und Israel; auf sandigen, felsigen Flächen von Seehöhe bis etwa 1000 m. Blütengröße sehr variabel (20 bis 35 mm). Blütenfarbe zwischen weiß, rosa oder lila. Blüten oft in zweierlei Form: Die kleineren sind pollensteril, so daß die Antheren eher weißlich aussehen. In Kultur geschieht das häufig, aber von Jahr zu Jahr wechselnd. Im Freiland nur kurzlebig. Kultur im Zwiebelkasten erfolgreicher. Im Sommer müssen die Zwiebeln sehr trocken gehalten werden und regelmäßig neu in gute, sandige Erde gesetzt werden.

f Romulea nivalis (BOISS. & KOTSCHY) KLATT
Heimat: Syrien, Libanon; zwischen 1400–2000 m in der Nähe schmelzenden Schnees. Blüte V–VI. Kennzeichnend sind der aufrechte Wuchs und die schmalen Blüten mit den relativ kurzen Röhren. Kultur einfach, jedoch im Unterschied zu anderen Arten keine starke vegetative Vermehrung.

g Romulea tempskyana FREYN
Heimat: Südwestliche Türkei von Izmir südwärts, auf Rhodos und Zypern; auf flachen Hängen und in Sandgebieten bis 1000 m. Blüte: III. Von anderen Arten durch die dunkelpurpurnen Blüten (15–26 mm) unterschieden, die eine lange, schlanke, vom Hochblatt nicht umschlossene Röhre zeigen. Kultur in Sandboden einfach. In der Sonne öffnen sich die Blüten sehr weit.

nat. Größe, Aufnahme 11. Februar

nat. Größe, Aufnahme 11. Februar

Iris pseudocaucasica

1/2 nat. Größe, Aufnahme 25. Februar

a Colchicum szovitsii FISCHER & C.A. MEYER (= *Colchicum nivale* BOISS. & HUET., = *Colchicum bifolium* FREYN & SINT). Liliengewächse (*Liliaceae*)
Heimat: Türkei, Iran, Armenien; in alpinen Wiesen und Matten in 2000–3000 m. Blüte: III–VI. Blüten rosa oder weiß. Laubblätter meist nur 2, kahl, etwas glänzend. Kultur im Zwiebelkasten einfach, sollte im Sommer jedoch nicht austrocknen.

b Colchicum fasciculare L. (vermutlich = *Colchicum serpentinum* WORON. EX MISC. oder *Colchicum tauri* SIEHE EX STEF.)
Heimat: Türkei, Kaukasus; auf steinigem trockenem Hügelland bis höchstens 1000 m. Blüte: II–IV. Blätter mitunter behaart (= *C. hirsutum* STEF.). Kultur nicht schwierig, aber schlecht zu vermehren.

c Colchicum kesselringii REGEL
Heimat: Zentralasien, besonders im Tienschan und Pamir und im nördlichen Afghanistan; meist steinige, alpine Wiesen in 1500–3000 m. Blüte: II–VI, je nach Lage. Die Blüten entfalten sich unmittelbar nach der Schneeschmelze und verschwinden innerhalb eines Tages, gefolgt von schmalen, kleinen Blättern. Kultur im Zwiebelkasten einfach, sollte im Sommer jedoch nicht austrocknen.

d Merendera hissarica REGEL
Heimat: Zentralasien, besonders im Tienschan und Pamir und im nördlichen Afghanistan; an steinigen Standorten zwischen 2400–4000 m. Blüte: III–IV. Blüten ähneln sehr *C. kesselringii*, Perigonblätter sind jedoch am Grunde gestielt und abgerundet. Verglichen mit *M. trigyna* sind die Antheren sehr lang. Kultur unter Umständen erfolgreich.

e Colchicum hungaricum JANKA
Heimat: Südwestliches Europa; auf steinigen, eher trockenen Standorten. Blüte: XII–IV. Laubblätter zu 2–3, am Rande bewimpert. Blüten rosa bis fast weiß. Blätter zur Blütezeit meist voll entfaltet. Kultur im Zwiebelkasten einfach, sollte im Sommer jedoch nicht austrocknen.

f Colchicum luteum BAKER
Heimat: Afghanistan, Nordwestindien, Zentralasien, besonders im Tienschan und Pamir; an erdigen Hängen an schmelzenden Schneeflecken, meist zwischen 2000–3800 m. Blüte: V–VII, je nach Lage. Kultur sehr schwierig, da sehr anfällig gegen Pilzinfektionen. Am ehesten im Zwiebelkasten in sehr kiesigem Boden. Sollte nicht dem Regen ausgesetzt werden.

g Merendera trigyna (ADAMS) WORONOW
Heimat: Kaukasus, Türkei, Iran; an trockenen Hängen zwischen 1500–1800 m. Blüte: I–IV. Die Gattung *Merendera* ist den *Colchicum*-Arten nahe verwandt, jedoch sind bei ihr die Perigonblätter am Grunde immer frei, so daß sie nach dem Abblühen auch getrennt abfallen. *Merendera kurdica* BORNM. aus der östlichen Türkei und dem Iran besitzt breitere Blätter. Kultur gelingt am besten im Zwiebelkasten.

h Iris planifolia (MILLER) FIORI & PAOL. (= *Iris alata* POIRET) Schwertliliengewächse (*Iridaceae*, Sektion *Juno*)
Heimat: Mittelmeergebiet von Südspanien und Nordafrika bis Griechenland, Kreta und Sizilien. Blüte: XII–II. Die abgebildete Pflanze ist untypisch klein. Kultur schwierig.

Iris pseudocaucasica GROSSH.
Heimat: Nördlicher Irak, Nordiran, Armenien; an steinigen Hängen zwischen 600 bis 3400 m. Blüte: IV–VI. Unterscheidet sich von *I. caucasica* durch die aufrechten Flügel der äußeren Perigonblätter. Blütenfarbe variiert von blaßblau über grünlich bis gelb.

Colchicum luteum

nat. Größe, Aufnahme 18. Februar

a, c–f Cyclamen coum Miller (= *Cyclamen atkinsii* T. Moore, = *C. orbiculatum* Miller) Primelgewächse (*Primulaceae*) Heimat: Krim, Bulgarien, Türkei, Nordwestsyrien, Kaukasus, nordwestlicher Iran; in Birken- oder Kiefernbeständen und Gebüsch von Seehöhe bis etwa 2000 m. Blüte: II–V, je nach Lage. Sehr variabel. Rosablütige Formen sind am häufigsten in der südlichen Türkei und im nördlichen Syrien, dunkelrosa gefärbte Blüten treten bei Pflanzen um Istanbul und entlang der Schwarzmeerküste auf. Von der östlichen Türkei ostwärts werden die Blüten allmählich größer und die Blätter deutlich herzförmig; solche Pflanzen werden als var. *caucasium* (C. Koch) Meikle bezeichnet. Die östlichsten Vertreter der Art am Kaspischen Meer (Iran) wurden auch als eigenständige Art *C. elegans* Boiss. & Buhse unterschieden. Ihre Blüten sind sehr groß und blaßrosa, die Blätter schmalherzförmig. Zahlreiche intermediäre Formen aus dem südlichen Kaukasus, die zum Teil unter den Bezeichnungen *C. circassicum* Pobed., *C. adzaricum* Pobed. oder *C. abchasicum* (Medw. ex Kusn.) Kulak. geführt werden. Kultur am besten in lockerem Boden in der Sonne oder in leichtem Schatten.

b Cyclamen trochopteranthum O. Schwarz (= *Cyclamen alpinum* Saund.) Heimat: Südwestliche Türkei, in der Nähe von Mugla und Denizli; auf steinigem Grund in Kieferbeständen oder Gebüschen von 350–1000 m. Blüte: II–IV. Duftet nach Heidehonig. Möglicherweise weniger widerstandsfähig als *C. coum*, daher besser im Gewächshaus zu kultivieren.

g Cyclamen parviflorum Pobed. (= *Cyclamen coum* ssp. *alpinum* O. Schwarz) Heimat: Nördliche Türkei im Pontischen Gebirge oberhalb Trabzon und Rize; in Kiefernwäldern oder unter Rhododendron-Gebüsch zwischen 1200–2300 m. Blüte: IV–VI, unmittelbar nach der Schneeschmelze. Blätter erscheinen erst im Herbst, sie sind einheitlich dunkelgrün ohne Blattzeichnung. Kultur einfach, am besten in lockerem, ziemlich trockenem Torfboden im Halbschatten, sollte im Sommer nicht austrocknen.

h Cyclamen pseudibericum Hildebr. Heimat: Bergland der südlichen Türkei, besonders im Antitaurus östlich von Adana; bevorzugt in Kiefern- und laubwerfenden Wäldern, meist zwischen 550–1500 m. Ähnlich *C. coum*, aber immer mit größeren, purpurnen, nach Veilchen duftenden Blüten. Kultur gelingt am besten im Topf an sonnigen und halbschattigen Standorten. Kann im Sommer ziemlich trocken gehalten werden.

i Cyclamen libanoticum Hildebr. Heimat: Seltene, endemische Art aus den Bergen östlich von Beirut/Libanon; unter Bäumen auf Kalkfelsen in 750–1400 m. Galt als ausgestorben, wurde aber kürzlich wiedergefunden. Der Bestand ist jedoch hochgradig gefährdet! Blätter erscheinen im Winter, sind nur wenig frostempfindlich, ziemlich dickfleischig, herzförmig mit gerundeten Ecken, unterseits glänzend rötlich. Kultur am besten im Topf in lockerem, steinigem Grund. Sollte im Sommer kühl und trocken gehalten werden.

nat. Größe, Aufnahme 13. März

1/2 nat. Größe, Aufnahme 14. April

Leucojum trichophyllum

Cyclamen repandum (b)

Cyclamen repandum

Trillium nivale, 1/2 nat. Größe, 13. März

a Cyclamen persicum MILLER
Heimat: Östliches Mittelmeergebiet von Griechenland (dort allerdings ziemlich selten) bis zur Türkei, Zypern und Libanon; bevorzugt in lichten Wäldern, in Gebüsch und an felsigen Standorten bis um 1000 m. Blüte: II–IV. Das knollige Rhizom kann sehr groß werden und etwa 15 cm Durchmesser erreichen. Blätter erscheinen im Winter vor den Blüten und tragen verschiedene grünlich-silbrige Muster. Blütenfarbe variiert von weiß bis purpurn, Duft erinnert an Maiglöckchen. Der Blütenstand krümmt sich nach dem Abblühen nicht, um die reifenden Samen auf Grund zu bringen. Nicht zuverlässig frosthart. Kultur am besten im Topf, im Sommer trocken halten, aber während des Wachstums sorgfältig gießen. Alle handelsüblichen „Alpenveilchen" stammen durch Züchtung und Auslese von dieser Art.

b–e Cyclamen repandum SIBTH. & SM
Heimat: Nordöstliches Mittelmeergebiet von Südfrankreich bis Jugoslawien, Griechenland und Rhodos; bevorzugt an schattigen, felsigen Stellen, in Wäldern und Gebüschen bis 500 m. Blüte: III–V. Blätter erscheinen im zeitigen Frühjahr. Sehr formenreich in Blattform und Blütenfarbe. Die var. *rhodense* MEIKLE hat graugrün gezeichnete Blätter, die bereits im Winter auftreiben, und weiße oder blaßrosa Blüten mit dunklerer Röhre. In Korsika, Sardinien und Italien sind die Blätter eher dunkelgrün, blaßgrün gezeichnet und unregelmäßig gezähnt, die Blüten dagegen kräftig rötlich bis dunkelrosa. Auf dem Peloponnes sind die Blätter sehr stark gezeichnet und tragen weißliche Fleckenmuster, während die Blüten blaßrosa ausfallen. Im östlichen Peloponnes finden sich Formen mit karminroten Blüten und dunkelgrünen Blättern, die mitunter eine nur kaum erkennbare Zeichnung tragen. Auf den verschiedenen Mittelmeerinseln kommen nah verwandte Arten vor: *Cyclamen balearicum* WILLK. von den Balearen und Südfrankreich hat gefleckte Blätter und weißliche, rosa geaderte Blüten; *Cyclamen creticum* HILDEBR. hat reinweiße oder nur selten rosa gefärbte Blüten sowie wesentlich kleinere Blätter als *Cyclamen repandum,* die bereits im Herbst erscheinen. Alle diese Formen besitzen ein ziemlich flaches Rhizom, das sich erst in der Mitte bewurzelt. Keine dieser Arten ist frostfest, worauf bei der Kultur zu achten ist.

Trillium nivale RIDDELL Einbeerengewächse (*Trilliaceae*)
Heimat: Nordamerika von Pennsylvania bis Minnesota, südlich bis Missouri und Kentucky; in Wäldern, auf Lichtungen oder an Säumen. Blüte: III–V. Kultur in lockerem Substrat an kühlen, schattigen Stellen möglich. Muß im Sommer feucht gehalten werden.

Leucojum trichophyllum SCHOUSBOE Amaryllisgewächse (*Amaryllidaceae*)
Heimat: Südwestliches Spanien, Südportugal und Marokko; an sandigen Stellen, vor allem in Dünengebieten. Blüte: I–IV. Blüten meist weiß; Perigonblätter 12–20 mm lang. Das sehr ähnliche *Leucojum longifolium* (GAY) GREN. hat kleinere Blüten (etwa 10 mm lang) und gerundete Perigonblätter. Gewächshauskultur bei sommerlicher Trockenheit möglich.

1/2 nat. Größe, Aufnahme 11. Februar

a Gymnospermium albertii (Regel) Takht. (= *Leontice albertii* Regel) Berberitzengewächse (*Berberidaceae*)
Heimat: Zentralasien, besonders im Tienschan und Pamir; in Gebüsch und zwischen Felsen bis um 2000 m. Blüte: IV–V, unmittelbar nach der Schneeschmelze. Höhe während der Blüte um 10 cm, später bis 20 cm. Blätter gefingert. Manchmal in eine eigene Familie *Podophyllaceae* gestellt. Sollte ziemlich trocken gehalten werden, besonders im Sommer.

b Hyacinthella lineata L. Liliengewächse (*Liliaceae*)
Heimat: Türkei; an steinigen Standorten des Berglandes. Blüte: III–IV. Die abgebildete Pflanze ist noch nicht vollständig entfaltet. Blätter oft mit erhabenen Blattnerven und bewimpert, mitunter aber auch kahl. Kultur einfach, aber anfällig gegen Pilzinfektionen.

c Scilla sibirica Haw. in Andrews
Heimat: Südrußland, Kaukasus, Türkei und Syrien; in Osteuropa eingebürgert; in Wäldern, Gebüschen und felsigem Gelände bis um 2000 m. Blüte: III–IV(V). Sehr formenreich. Das abgebildete Exemplar ist vergleichsweise blaß und klein; die Pflanze stammt aus dem südlichen Verbreitungsgebiet der Art. Möglicherweise identisch mit *S. ingridae* Speta. Kultur im Zwiebelkasten einfach, bevorzugt trockenen, schattigen Standort.

d Winterling (*Eranthis hyemalis* (L.) Salisb.) Hahnenfußgewächse (*Ranunculaceae*)
Heimat: Frankreich, Jugoslawien, Italien und Bulgarien, sonst an vielen Stellen in Europa eingebürgert; bevorzugt feuchte Laubwälder. Blüte: I–III. *Eranthis cilicicus* unterscheidet sich durch größere Blüten und wesentlich schmalere Blätter. Die var. *bulgaricus* Steph. aus dem zentralen Bulgarien nähert sich sehr den Kennzeichen dieser Art. Die Gartenform 'Guinea Gold' ist ebenfalls intermediär zwischen beiden Arten. Gartenkultur einfach, gelingt am besten auf leicht basischem Boden unter Laubbäumen, speziell Roßkastanien.

e Ornithogalum fimbriatum Willd. Liliengewächse (*Liliaceae*)
Heimat: Rumänien, Bulgarien, Griechenland und Türkei; an trockenen Hängen. Blüte: II–V. Blätter unterseits behaart, am Grunde oft bewimpert. Kultur einfach, vermehrt sich sehr rasch. In der Kultur verfrüht sich der Blühbeginn mitunter auf XII.

f Eranthis cilicicus Schott & Kotschy
Heimat: Türkei, nördlicher Irak und Afghanistan; bevorzugt an offenen Standorten zwischen Koniferenbeständen. Blüte: II–V. Sehr ähnlich dem europäischen Winterling und mitunter als gleiche Art betrachtet. Unterschiede betreffen vor allem die Blattbreite und die Blütengröße. Kultur im Freiland oder im Topf einfach, erträgt sommerliche Austrocknung.

Eranthis longistipitatus Regel
Heimat: Zentralasien, besonders in den Gebirgszügen Kopet Dağ, Pamir und Tienschan; in Wäldern und Gebüschen bis 1000–2000 m. Blüte: II–V. Sehr kleine, eher zierliche Pflanze mit Blüten um 15 mm Durchmesser. Fruchtstände lang gestielt, nicht sitzend wie bei anderen *Eranthis*-Arten.

Leontice leontopetalum L. ssp. **eversmannii** (Bunge) Coode Berberitzengewächse (*Berberidaceae*)
Heimat: Östliche Türkei, nördlicher Irak, Iran, Afghanistan und Zentralasien; bevorzugt offene Standorte auf Feldern und an steinigen Hängen zwischen 400–2000 m. Blüte: III–V. Die ssp. *leontopetalum* hat breitere Blattzipfel, die fast rundlich oder etwas ausgerandet sein können. Sie ist weiter westlich verbreitet als die ssp. *eversmannii* und kommt von Bulgarien, Griechenland, Türkei, Israel und Irak bis nach Nordafrika vor.

Leontice armeniaca Boivin. (= *Leontice minor* Boiss.)
Natürliches Verbreitungsgebiet: Südlicher Kaukasus über Syrien, Jordanien bis zum Iran; in steinigen, trockenen Standorten zwischen 1500–2400 m Blüte: III–IV. Unterscheidet sich von *L. leontopetalum* durch wesentlich geringere Größe (nur bis 20 cm hoch) und einfachen, traubigen Blütenstand. Kultur ist möglich. Die Pflanze muß jedoch vor allem im Winter sehr trocken gehalten werden.

Leontice armeniaca

Gymnospermium albertii

Eranthis longistiptitatus

Leontice leontopetalum ssp. **eversmannii**

3/4 nat. Größe, Aufnahme 13. März

a, b Chionoscilla allenii Liliengewächse (*Liliaceae*)
Diese Hybride zwischen *Chionodoxa luciliae* und *Scilla bifolia* ist überall dort anzutreffen, wo die beiden Elternarten in Gärten zusammenwachsen. Sie wurde auch in der Natur gefunden. Sehr formenreich. Die Blüten ähneln insgesamt sehr denen von *Scilla,* jedoch sind die Perigonblätter am Grund miteinander verbunden.

c Scilla sibirica HAW. IN ANDREWS CV. **'Spring Beauty'**
Heimat: Südrußland bis Syrien. Diese recht kräftige Gartenform hat etwas mehr Purpurtöne in den Blüten als die meisten Wildformen. Die Pflanze benötigt offene, nährstoffreiche, sandige Standorte. Sie kann nicht im Parkrasen gepflanzt werden.

d–f Zweiblättriger Blaustern (*Scilla bifolia* L.)
Heimat: Gesamtes mittleres und südliches Europa von Spanien bis Belgien und ostwärts bis zur Ukraine, südlich bis Kaukasus und Türkei; bevorzugt in Wäldern und offenen Wiesen oder Gebüschen. In Deutschland nur im Bodenseegebiet und im Rheintal mit seinen größeren Nebentälern. Blüte: III–IV. Sehr formenreich. Blütenfarbe blaßviolett bis dunkelblau. Typisch: Ziemlich große, sternförmige Blüten, 2–3 Laubblätter. Gartenkultur an sonnigen Stellen unter Gebüsch oder im kurzen Gras einfach. Vermehrt sich sehr rasch. Geschützt!

g Chionodoxa luciliae BOISS.
Heimat: Westliche Türkei, besonders im Gebiet um Izmir; an steinigen Hängen, bevorzugt in höheren Lagen um 2000 m. Blüte: V–VI, unmittelbar nach der Schneeschmelze. Meist nur 2 Laubblätter. Wenigblütig. Blüten mit hellem Mittelfleck. Die Nomenklatur der türkischen *Chionodoxa*-Arten ist sehr unübersichtlich. Die meisten im Handel befindlichen Sorten tragen falsche Bezeichnungen. Gartenkultur einfach.

h Scilla miczenkoana GROSSH. (= *Scilla tubergeniana* HOOG EX STEARN.)
Heimat: Südliches Transkaukasien und nordwestlicher Iran; bevorzugt auf Bergwiesen und zwischen Felsen und Gestein. Blüte: III–V. Ähnlich *S. sibirica,* aber mit größeren hellblauen bis weißen Blüten, die sich öffnen, sobald sie über der Erde sind. Gartenkultur in einem Zwiebelkasten meist recht erfolgreich. Die als *S. tubergeniana* verkaufte Form ist ein wenig kräftiger und größer als die hier abgebildete Wildform.

i Hyacinthella sürtensis MATHEW
Heimat: Nur in der südöstlichen Türkei; auf steinigem Gelände an Berghängen. Blüte: II–IV. Typisch: Sehr kleine, blasse, sitzende Blüten. Die abgebildete Pflanze ist kleiner als üblich. Die Art kann leicht kultiviert werden und beginnt dann meist schon im Dezember zu blühen.

j Scilla messenaica BOISS.
Heimat: Südliches Griechenland, besonders auf dem Peloponnes; an steinigen, trockenen Hängen bis etwa 1000 m. Blüte: IV. Sieht auf den ersten Blick aus wie eine kleine, kräftige *S. bifolia* mit kleineren Blüten, ist aber vielblättrig (bis 7 Blätter je Zwiebel) und vielblütig (7–15 blaßblaue Blüten je Schaft). Kultur im Schatten oder Halbschatten auf trockenem Boden möglich.

3/4 nat. Größe, Aufnahme 18. Februar

nat. Größe, Aufnahme 13. März

Puschkinia Rix 1926

Scilla sibirica 'Spring Beauty'

Scilla puschkinioides

Puschkinia scilloides

a, d **Puschkinia scilloides** ADAMS (= *Puschkinia libanotica* BOISS., *Puschkinia hyacinthoides* BAKER)
Heimat: Kaukasus, südliche Türkei, Nordirak, Iran und Libanon; an steinigen Stellen oder in Wiesen des Berglandes bis um 3000 m. Blüte: IV–VII, je nach Lage. Wie bei der Gattung *Chionodoxa* sind auch hier die Perigonblätter am Grunde miteinander verbunden, jedoch ist die Blüte insgesamt kleiner und öffnet sich niemals flach-tellerförmig. Kultur einfach; benötigt gute, trokkene, sonnige Stellen. Sehr attraktive Zierpflanze, besonders wenn sie in größerer Menge zusammensteht.

b **Scilla puschkinioides** REGEL
Heimat: Zentralasien, besonders im Tienschan und Pamir; im Gebüsch oder an offenen Standorten meist oberhalb 1000 m. Blüte: III–VII, je nach Lage. Stiel bis etwa 20 cm hoch. Kultur bisher noch nicht erfolgreich, obwohl die Pflanze verschiedentlich importiert wurde.

c **Scilla armena** GROSSH.
Heimat: Südliches Transkaukasien und nordwestliche Türkei; an grasigen oder steinigen Stellen an Hängen zwischen 1500–2400 m. Blüte: V–VI, meist in der Nähe von Schneefeldern. Sehr ähnlich der verwandten *S. sibirica,* jedoch mit kurzen, lanzettlichen Blättern und meist einzelnen, breitkronigen Blüten. Kultur an schattigen Stellen in torfiger Erde möglich.

e **Chionodoxa cretica** BOISS.
Heimat: Endemisch auf Kreta, dort besonders im Bergland; unter *Berberis*-Gebüsch um 2000 m. Blüte: IV. Stengel kann auch vielblütig sein. Blüten meist blau, mit weißer, klar abgesetzter Mittelzeichnung.

f **Chionodoxa lochiae** MEIKLE
Heimat: Endemisch auf Zypern, besonders im Troodos-Gebirge; bevorzugt auf steinigem Grund unter Kiefern. Blüten meist zu 1–2, mitunter aber auch bis 5, rein blau, ohne weißliches Mal in der Mitte, mit langer Röhre am Grunde. Nur selten voll geöffnet. Kultur gelingt am besten im Zwiebelkasten oder in trockener Gartenerde im Freiland.

g **Chionodoxa albescens** (SPETA) RIX comb. nov. (= *Scilla albescens* SPETA = *Chionodoxa nana* auct.)
Heimat: Endemische Art aus Kreta; meist im Bergland zwischen 1200–1800 m. Die Blüten sind die kleinsten innerhalb der Gattung und entweder weiß, rosa oder bläulich. Für die Freilandkultur kaum geeignet.

Puschkinia sp.
Bisher noch nicht genauer bezeichnete Varietät von (wahrscheinlich) *Puschkinia scilloides,* die in Hakkari/Türkei, in Bitlis sowie in Aserbeidschan gesammelt wurde. Sie wächst gewöhnlich an den gleichen Stellen wie die Typform, aber in getrennten Populationen und meist auch an tiefer gelegenen Standorten.

3/4 nat. Größe, Aufnahme 28. März

a, h Gagea peduncularis (PRESL.) PASCHER
Heimat: Jugoslawien, Bulgarien, Griechenland, Türkei, Kreta; bevorzugt an steinigen, felsigen Standorten bis etwa 1000 m. Blüte: III–IV. Lange, sehr schlanke Grundblätter, lange Blütenstiele und stumpfe Perigonblätter (bis 20 mm lang). Gartenkultur im Zwiebelkasten einfach.

b Scilla sibirica HAW. IN ANDREWS
Diese Form steht zwischen der typischen *S. sibirica* und *S. cilicica.* Blätter schon vor der Blütezeit voll entfaltet. Blütenstand ziemlich locker. Gewisse Ähnlichkeiten bestehen auch zu *S. melaina* SPETA. Einfach zu kultivierende Zierpflanze, die durch ihre leuchtend blauen Blüten und den relativ späten Blühtermin auffällt.

c Chionodoxa luciliae BOISS. (= *Chionodoxa gigantea* WHITTALL)
Heimat: Westliche Türkei, in den Bergen von Boz Dağ (östlich von Izmir); auf sehr steinigem Boden, bevorzugt um 2000 m. Blüte: V–VI, meist am Rande abschmelzender Schneefelder. Die hier abgebildete, gelegentlich als eigene Art *Chionodoxa gigantea* bezeichnete Form ist lediglich eine etwas größere Varietät von *Ch. luciliae.* Stengel tragen nur wenige Blüten, mit sehr kurzer Röhre und größeren äußeren Perigonblättern. Gartenkultur einfach.

d Chionodoxa siehei STAPF
Heimat: Endemisch in der südlichen Türkei. Blüte: V. Größte in Kultur befindliche Art, zumeist triploid. Blüten mit großem, weißlichem Mal in der Mitte. Perigonblätter 12–19 mm lang. In der Kultur ist eine rosablütige Form ('Pink Giant') bekannt. Gartenkultur unproblematisch, besonders an sonnigen Stellen unter Laubbäumen.

e Chionodoxa sardensis WHITTALL EX BARR & SUGDEN
Heimat: Endemisch in der westlichen Türkei, im Bergland östlich von Izmir; in schattigen Wäldern oder zwischen moosbewachsenen Steinen und Felsen zwischen 100 bis 700 m. Blüte: II–IV. Mit kräftig blauen Blüten, diese zu 8–12 in einem Blütenstand, je etwa 8–17 mm lang, mit nur kleinem, weißlichem Mal in der Kronenmitte. Gartenkultur einfach.

f Ornithogalum balansae BOISS.
Heimat: Nordöstliche Türkei im Bergland bei etwa 2500 m. Ziemlich auffällige Pflanze mit gedrungenem, kegeligem Blütenstand und ziemlich breiten Blättern. Kultur auf nährstoffreichem Boden an sonnigen oder halbschattigen Stellen unproblematisch.

g Gagea pusilla (F. W. SCHMIDT) SCHULTES & SCHULTES f.
Heimat: Südliches Mitteleuropa; bevorzugt an steinigen, trockenen Hängen. Blüte: II–IV. Typisch: Einzelnes, meist sehr langes Laubblatt, zwei gegenständige Tragblätter des Blütenstandes. Gartenkultur an sonnigen Stellen möglich.

i Ranunculus kochii LEDEB. (= *Ficaria fascicularis* C. KOCH) Hahnenfußgewächse (*Ranunculaceae*)
Heimat: Südliches Transkaukasien, nördlicher Iran und Irak bis zur südlichen Türkei; an steinigen, wenig bewachsenen Stellen der Gebirge bis um 3000 m. Blüte: III–V. Dem einheimischen Scharbockskraut (*Ranunculus ficaria*) ähnlich. Kultur bei sommerlicher Trockenheit im Zwiebelkasten möglich.

nat. Größe, Aufnahme 25. Februar

1/2 nat. Größe, Aufnahme, 13. März

Tecophilaea cyanocrocus, 1/2 nat. Größe, Aufnahme 28. März

Scilla verna

a Muscari commutatum Guss. Liliengewächse (*Liliaceae*)
Heimat: Italien, Sizilien, östlicher Mittelmeerraum, Israel; in Busch- und Grasland oder auf Brachen. Blüte: II–VI. Von anderen Arten der Gattung durch die sehr dunklen, fast schwärzlichen Blüten unterschieden, die nicht einmal weiße Ränder haben. An sonnigen Stellen in Parks und Gärten gut zu kultivieren.

b Hyacinthus orientalis L.
Heimat: Westliches Asien, Türkei, Syrien, Libanon; in steinigem, felsigem Gelände bis 2000 m. Blüte: II–V. Mit den kultivierten Hyazinthen-Rassen nahe verwandt. An sonnigen Stellen in sandigem Boden gut zu kultivieren.

c Muscari chalusicum Stuart
Heimat: Endemisch im Chalus-Tal im nördlichen Iran; an Felssäumen von 300–1100 m Höhe. Blüte: III–IV. Die Laubblätter werden gewöhnlich flach auf der Erde ausgebreitet. Kann im Freiland an sonnigen, warmen Stellen ohne weiteres kultiviert werden.

d Hyacinthus litinowii E. Czem.
Heimat: Nördlicher Iran, westliches Zentralasien, dort meist in Höhen zwischen 1500–2000 m verbreitet. Blüte: III–IV. Von der ähnlichen *H. orientalis* durch weniger breite Blätter und recht schmale Perigonblätter unterschieden. Bei der verwandten Art *H. transcaspicus* Litw. sind die Röhren länger als die freien Zipfel der Perigonblätter. Gartenkultur in einem Zwiebelkasten einfach, muß jedoch während des Sommers trocken gehalten werden.

e Hyacinthella leucophaea (C. Koch) Schur.
Heimat: Osteuropa, Griechenland, Rumänien und Südrußland; bevorzugt an steinigen Hängen und in trockenem Gras- und Steppenland. Blüte: III–V. Gut kenntlich an den aufrechten, ziemlich breiten Blättern und den Blüten auf abstehenden Blütenstielen. Die Abbildung zeigt eine Varietät, die auch unter der Bezeichnung *H. atchleyi* geführt wird. Kultur im Topf oder Gewächshaus möglich.

Bellevalia atroviolacea Regel
Heimat: Zentralasien, besonders im Pamir und im nördlichen Afghanistan; meist auf nacktem Boden an trockenen Hängen oder auf felsigem Grund zwischen 600–1500 m (seltener auch darüber). Blüte: IV. Gartenkultur möglich.

Tecophilaea cyanocrocus Leyb. (*Tecophilaeaceae*)
Heimat: Chile in den Kordilleren von Santiago um 3000 m; in steinigem Gelände, das während des Winters von einer Schneedecke geschützt wird. Blüte: (Südfrühling) X–XI. In der Natur möglicherweise ausgerottet, da die Standorte von Sammelexkursionen zu gründlich aufgesucht wurden. Die Abbildung zeigt rechts die typische Form mit einheitlich königsblauen Blüten sowie die var. *leichtlinii*, bei der die Blüten etwas blasser ausfallen und eine hellere Mitte haben. Die nah verwandte Art *T. violiflora* mit purpurnen Blüten wächst in den Küstengebirgen nördlich von Santiago von Valparaiso bis Coquimbo. Gartenkultur nicht einfach. Samenansatz nur nach manueller Bestäubung.

Bellevalia atroviolacea

Scilla verna L. Liliengewächse (*Liliaceae*)
Heimat: Entlang der Atlantikküsten von Portugal bis zu den Färöer, fehlt jedoch an den südlichen und westlichen Küsten Irlands; bevorzugt auf den Klippen und in den Dünengebieten. Blüte: III–VI. Gut kenntlich an den relativ kurzen, nur etwa 5–15 cm hohen Stengeln mit den zahlreichen, vergleichsweise großen (10–16 mm Durchmesser) Blüten. Blütenfarbe meist purpurn-blau.

nat. Größe, Aufnahme 21. März

Corydalis rutifolia

Corydalis glaucescens

Corydalis emanueli

Corydalis ledebouriana

a Corydalis popovii NEVSKI Erdrauchgewächse (*Fumariaceae*)
Heimat: Zentralasien, besonders im Pamir-Gebirge; dort im Gebüsch und auf felsigen Hängen oberhalb 2000 m. Blüte: III–VII, je nach Lage. Erst kürzlich eingeführt, möglicherweise aber in Kultur nicht schwierig zu halten. Versuche laufen mit Kulturen, im Gewächshaus und im Zwiebelkasten.

b Bongardia chrysogonum (L.) GRISEB. Berberitzengewächse (*Berberidaceae*)
Heimat: Westliches Asien von der Türkei bis zum Pamir und zur Wüste Karakorum; bevorzugt auf Feldern und an steinigen Hängen. Blüte: III–V. Die Gattung *Bongardia* unterscheidet sich von *Leontice* durch die grundständig an der Knolle ansetzenden Blätter. Kultur im Zwiebelkasten einfach, muß jedoch im Sommer trocken gehalten werden und darf während des Winters nicht allzu viel Feuchtigkeit abbekommen.

c Corydalis aitchisonii M. POPOV Erdrauchgewächse (*Fumariaceae*)
Heimat: Nördliches Zentralasien, nordöstlicher Iran und Afghanistan, dort meist zwischen 600–2000 m. Blüte III–V. Knolle meist mehr oder weniger rundlich. Gartenkultur nicht einfach.

d Finger-Lerchensporn (*Corydalis solida* (L.) SWARTZ)
Heimat: Fast überall in Mitteleuropa, in England, Dänemark, Norwegen und der Türkei jedoch eingebürgert; edellaubholzreiche Wälder und Gebüsche. Blüte: III–V. Sehr variabel in Aussehen und Blütenfarbe, diese reicht von weißen über rosa bis tiefpurpurnen Tönen. Die abgebildete Pflanze ist eine Form, die der var. *densiflora* (C. PRESL.) BOISS. sehr nahesteht. Typisch: Breite Schuppen oberhalb der Knolle. Gartenkultur auf nährstoffreichen Böden möglich. Halbschattenpflanze.

Corydalis rutifolia ssp. **erdelii** (SIBTH. & SM) DC.
Heimat: Türkei und Kreta bis Pakistan; steinige Böden zwischen 1300–2800 m. Blüte: IV–VII. Unterscheidet sich von der mitteleuropäischen *C. bulbosa* (L.) DC. durch gegenständige Stengelblätter und wenigblütige Trauben. Blütenfarbe sehr variabel. Topfkultur oder Kultur im Zwiebelkasten bei sommerlicher Trockenheit möglich.

Corydalis ledebouriana KAR. & KIR.
Heimat: Zentralasien und Nordostafghanistan; in felsigem Gebiet oder unter Gebüsch zwischen 800–3700 m. Blüte: III–VI. Diese Art zeichnet sich durch einen stark aufwärts gebogenen Sporn und eine herabgeschlagene Unterlippe aus. Kultur im Gewächshaus oder im Zwiebelkasten, braucht keine Trockenheit im Sommer.

Corydalis glaucescens REGEL
Heimat: Zentralasien, besonders im Tienschan und Pamir; in Wäldern und Gebüschen bis 1500 m. Blüte: III–V. Kultur im Gewächshaus oder im Zwiebelkasten.

Corydalis emanueli C. A. MEYER
Heimat: Kaukasus von Taverda bis Kasbek; unter schattigen Felsen um 2500 m. Blüte: VII–VII. Die dicke, fleischige Wurzel ist mehrfach geteilt.

3/4 nat. Größe, Aufnahme 14. April

Gagea ambylopetala

Gagea fistulosa

Gagea bohemica

Lloydia serotina

Corydalis macrocentra

a Corydalis caucasica DC.
Heimat: Kaukasus; vor allem in Wäldern und Gebüschen. Blüte: IV–V. Blüten meist rosapurpurn. Die hier abgebildete weiße Form ist nicht allzu selten. Kultur an schattigen Stellen auf sandigen Böden.

b Corydalis macrocentra REGEL
Heimat: Zentralasien, besonders in Tadschikistan und Nordostafghanistan; bevorzugt auf sandigen Böden im Bergland zwischen 900–1300 m. Blüte: III–IV.

c Gagea gageoides (ZUCCH.) VVED. Liliengewächse (*Liliaceae*)
Heimat: Östliche Türkei über Iran bis nach Zentralasien, besonders Tienschan, Pamir und Kopet Dag, in felsigem Gebiet bis 3000 m. Blüte: IV–V. Anhand der zahlreichen Brutzwiebeln in den Blattachseln leicht von anderen Arten der gleichen Gattung zu unterscheiden. Kultur im Zwiebelkasten einfach.

d Gagea fibrosa (DESF.) SCHULTES & SCHULTES f. (= *Gagea rigida* BOISS., = *Gagea commutata* C. KOCH)
Heimat: Südlicher Kaukasus, Türkei, Griechenland, Israel und Nordafrika; an trockenen, steinigen oder grasigen Hängen. Blüte: III–IV. Unterscheidet sich von ähnlichen Arten vor allem durch die lang zugespitzten Perigon- und die flach ausgebreiteten Laubblätter. Verzweigungen des Stengels erfolgen meist unterirdisch. Kultur im Zwiebelkasten einfach.

e Gagea ambylopetala BOISS.
Heimat: Kreta und Sizilien über Jugoslawien bis nach Südrußland, unter Einschluß der westlichen Türkei; steinige, felsige Standorte oder Trockengebüsch. Blüte: III–IV. Unterscheidet sich von ähnlichen Arten durch die beiden sehr langen, grundständigen Blätter und die kleinen (kleiner als 10 mm), vorne gerundeten Perigonblätter. Stengel meist kahl und unregelmäßig verzweigt. Blüten außenseits oft etwas rötlich.

Gagea fistulosa KER-GAWL. [= *Gagea liotardii* (STERN.) SCHULTES & SCHULTES f.]
Heimat: Südliches Europa von den Pyrenäen bis nach Südrußland, Griechenland, Türkei und Kaukasus; bevorzugt feuchte, sumpfige Wiesen im Bergland. Blüte: V–VII. Gut kenntlich an den hohlen, fleischigen Blättern, den gegenständigen Stengelblättern und den gewöhnlich behaarten Blütenstielchen. Manchmal werden anstelle der Blüten auch nur Brutzwiebeln in den Blattachseln entwickelt.

Felsen-Goldstern (*Gagea bohemica* (ZAUSCHN.) SCHULTES & SCHULTES f.)
[= *Gagea saxatilis* (MERT. & KOCH) SCHULTES & SCHULTES f.]
Heimat: Fast überall in Mitteleuropa, im südlichen Teil des Verbreitungsgebiets bis um 1000 m. In Deutschland ausgesprochen selten; bevorzugt Silikatfelsengesellschaften und Sandtrockenrasen. Blüte: II–IV. Typisch: Sehr schmale, fast fädige Grundblätter und große Blüten mit stumpfen Perigonblättern. Blütenstiele meist behaart. Stengelblätter wechselständig.

Späte Faltenlilie (*Lloydia serotina* (L.) RCHB.)
Heimat: Subarktis, Alpen und Kaukasus; bevorzugt in alpinen Steinrasen an besonders windexponierten Stellen, im Süden bis um 3000 m; in Deutschland sehr selten und nur stellenweise im Allgäu und in den Berchtesgadener Alpen. Blüte: VI–VIII.

3/4 nat. Größe, Aufnahme 11. Februar

Iris × sindpers 1/3 nat. Größe

Iris wendelboi

1/2 nat. Größe, Aufnahme 25. Februar

a Iris histrio RCHB. f. Schwertliliengewächse (*Iridaceae*) (Sektion *Reticulatae*)
Heimat: Südliche Türkei, Libanon, Syrien und Israel; an steinigen Hängen und zwischen Fels bis 2000 m. Blüte: II–III. Blüten meist etwas blasser als im Bildbeispiel. Gartenkultur einfach, muß im Sommer jedoch trocken und heiß gehalten werden.

b Iris histrio var. **aintabensis**
Heimat: Südliche Türkei westlich von Garziantep in etwa 1000 m; in Rinnen und Rissen des Kalkgesteins. Im Aussehen der Typform ähnlich, aber gewöhnlich kleiner und blasser. Gartenkultur einfach, im Sommer heiß und trocken.

c, i Iris histrioides (G. F. WILSON) S. ARNOTT 'Major'
Heimat: Zentrale Türkei um Amasya; Blüte: II. Mit der vorigen Art offenbar nahe verwandt, zur Blütezeit aber noch (fast) blattlos. Verschiedene Rassen in Kultur. Gartenkultur einfach, im Sommer heiß und trocken.

d–f Iris reticulata M. BIEB.
Heimat: Türkei, Iran, südliches Transkaukasien und Irak; an steinigen Standorten und im lockeren Gebüsch zwischen 600–2700 m. Blüte: III–V. Blütenfarbe variabel. Die hellblauen Formen aus dem nördlichen Iran sind auch als eigene Art *I. hyrcana* WORON. unterschieden worden, kommen jedoch zusammen mit den eher purpurnen Formen vor. Gartenkultur in sehr sandigen Böden im Freiland möglich.

g Iris winogradowii FOMIN
Heimat: Südlicher Kaukasus westlich oberhalb Gagra, vor allem in der subalpinen Zone, aber ziemlich selten und kaum bekannt. Die Pflanze fällt vor allem wegen ihrer hellgelben Blütenfärbung auf. Einzige Art der Sektion, die dauernd im Freiland wachsen kann. Wurzelwachstum beginnt im Sommer, daher Pflanze nur im zeitigen Frühjahr verpflanzen und im Sommer nicht komplett austrocknen lassen.

h Iris 'Katharina Hodgkin'
Die Elternarten dieser Hybriden sollen *I. histrioides* 'Major' sowie *I. danfordiae* gewesen sein, doch scheint eher *I. winogradowii* anstelle von *I. danfordiae* beteiligt gewesen zu sein, worauf insbesondere die großen inneren Perigonblätter hinweisen. Gartenkultur einfach, sehr vermehrungsfreudig.

Iris × sindpers (Sektion *Juno*)
Bastard zwischen *I. aucheri* und *I. persica.* Kultur nur unter besonderen Klimaschutzvorrichtungen.

Iris wendelboi GREY-WILSON & MATHEW
Heimat: Südwestliches Afghanistan; auf trockenen Hängen unter Pistazien-Gebüsch in etwa 1700 m. Blüte: III–IV.

3/4 nat. Größe, Aufnahme 25. Februar

a, b, d, e Iris reticulata M. BIEB .
Die Abbildungen zeigen nur 4 der zahlreichen Kulturvarietäten von *Iris reticulata.* Einige dieser Varietäten sind mit einem Virus infiziert, was an dem Fleckenmuster der Blätter zu erkennen ist. Solche Formen sollten von Wildpflanzen möglichst ferngehalten werden, da diese nicht notwendigerweise virusresistent sind. Manchmal sind die Pflanzen auch von der Tintenfleckenkrankheit, einer Pilzinfektion, befallen, die zunächst dunkle Flecken auf der Zwiebelhülle hervorruft, bevor die gesamte Zwiebel erfaßt wird. Die einzelnen Varietäten sind: **a** Ziemlich seltene, bisher nur einmal in der Natur gefundene Form, die sehr intensiv duftet und schon seit langem im Handel ist; **b** 'Clairette', möglicherweise ein Bastard mit *Iris reticulata* var. *bakeriana;* **d** 'Cantab'; **e** 'Joyce'. Die großen blauen Blüten und die kurzen, kräftigen Blätter lassen vermuten, daß diese Form ein Bastard mit *Iris histrioides* ist.

c Iris danfordiae BOISS. (= *Iris bornmülleri* HAUSSKN.) (Sektion *Reticulatae*)
Heimat: Zentrale Türkei, dort allerdings nur an einzelnen, weit getrennten Standorten (Taurus, Malatya, Amasya, Gümüsane) zwischen 2000–3000 m; auf nackter, fast pflanzenloser Erde. Blüte: III–IV. Gartenkultur sehr schwierig.

f Fritillaria stenanthera REGEL Liliengewächse (*Liliaceae*)
Heimat: Zentralasien, vor allem im Pamir und Tienschan; an offenen, erdigen Hängen um 2000 m. Blüte: III–IV. Nektarien alle gleich. Gartenkultur im Zwiebelkasten möglich.

g Fritillaria ariana (A. LOS. & VVED.) RIX
Heimat: Zentralasien, besonders an den Südrändern der Karakum-Wüste, nordwestlicher Iran und nördliches Afghanistan; vor allem in Sandsteppen. Blüte: III. Gartenkultur möglich, aber ziemlich schwierig. Die Pflanze muß bis März ziemlich trocken gehalten werden und beginnt etwa 4 Wochen nach dem Bewässern mit der Blüte.

Fritillaria gibbosa BOISS.
Heimat: Iran, Afghanistan, südlicher Kaukasus und Kopet Dağ; auf trockenen Böden und in Steppen in 1000–2000 m. Blüte: III–V. Nahe verwandt mit *F. ariana,* aber mit breiteren Blättern und papillösem Stengel. Blüten meist gefleckt. Kultur möglich, aber schwierig. Pflanze bis März trockenhalten.

h Crocus michelsoni B. FEDTSCH. Schwertliliengewächse (*Iridaceae*)
Heimat: Kopet Dağ im nordöstlichen Iran und in Zentralasien; an steinigen Hängen zwischen 1200–2300 m. Blüte: III–IV. Griffel weißlich, Blüten immer bläulich, innen meist heller, außen mit blaupurpurnem Anflug. Zwiebel mit netzfaseriger Hülle. Kultur am besten im Zwiebelkasten bei sommerlicher Trockenheit.

i Iris kolpakowskiana REGEL (= *Iris winkleri* REGEL) (Sektion *Reticulatae*)
Heimat: Zentralasien von den Bergen bei Taschkent ostwärts bis Alma Ata zwischen 1100–3000 m. Blüte: IV–VI. Etwas untypische Form der Sektion, da die Blätter ziemlich flach und die inneren Perigonblätter auffällig groß sind. Östlichster Vertreter ihres Verwandtschaftskreises. Gartenkultur nicht einfach.

2/3 nat. Größe, Aufnahme 13. März

Fritillaria gibbosa

3/4 nat. Größe, Aufnahme 25. Februar

a–c Iris reticulata M. BIEB.
Die hier gezeigten Varietäten stammen aus südlicheren Gebieten als die auf S. 52 abgebildeten Varianten. Im südlichen Verbreitungsgebiet neigt *Iris reticulata* dazu, zweifarbige Blüten auszubilden.

d Iris reticulata var. **bakeriana** (FORSTER) MATHEW & WENDELBO (Sektion *Reticulatae*)
Diese Varietät unterscheidet sich von der Stammform durch die achtrippigen Blätter (vierrippige Blätter bei *Iris reticulata*), doch finden sich im südlichen Sagrosgebirge Zwischenformen. Die Abbildung zeigt eine Handelsform, die unter der Bezeichnung *I. bakeriana* vertrieben wird.

e Iris pamphylica HEDGE
Heimat: Südliche Türkei, dort allerdings auf ein kleines Gebiet nordöstlich von Antalya beschränkt; in Kiefernwäldern, zwischen Eichengebüsch und in felsigem Gelände in etwa 1250 m. Gartenkultur schwierig bzw. bisher noch wenig erfolgreich.

f Hermodactylus tuberosus (L.) MILLER (= *Iris tuberosa* L.)
Heimat: Mittelmeergebiet von Südfrankreich ostwärts bis Jugoslawien und Griechenland, Türkei und Israel; in Devon und Cornwall (Südengland) stellenweise eingebürgert; in Gebüsch und auf offenen, grasigen Standorten. Blüte: III–IV. Die sehr langen Blätter entwickeln sich im Herbst. Auf trockeneren Stellen gut zu kultivieren. Empfindlich gegen Schneckenfraß.

Gynandriris sisyrinchium (L.) PARL. (= *Iris sisyrinchium* L.)
Heimat: Mittelmeergebiet, von Portugal über Italien und Griechenland, Türkei und Israel, ostwärts bis nach Pakistan, bis um 2000 m. Blüte: II–IV. Höhe sehr verschieden, meist zwischen 10–60 cm. Blüten meist nur am Nachmittag geöffnet. *Gynandriris* ist in der Hauptsache eine in Afrika verbreitete Gattung aus derVerwandtschaft von *Moraea.*

1/3 nat. Größe, Aufnahme 28. März

Gynandriris sisyrinchium

Hermodactylus tuberosus

nat. Größe, Aufnahme 13. Februar

Iris aucheri, 1/3 nat. Größe, Aufnahme 28. März

Iris willmottiana, 1/3 nat. Größe, Aufnahme 28. März

Iris orchioides

a, d Iris persica L. (Sektion *Juno*)
Heimat: Südliche Türkei, Nord-Irak, Syrien und Libanon; bevorzugt auf kahlen, bodenarmen Hängen und unter Eichengebüsch zwischen 600–2000 m. Blüte: II–IV. Blüten zumeist einzeln, grünlich, bräunlichgelb oder in Graugrüntönen. In Kultur ganzjährig so trocken wie möglich halten. Abgeblühte Blüten müssen entfernt werden, da die Gefahr von Pilzinfektionen besteht.

b, c Iris stenophylla Hausskn. & Siehe ex Baker (= *Iris tauri* Siehe ex Mallett)
Heimat: Zentrale Türkei; auf steinigen Hängen, meist über Kalkgestein bis etwa 2000 m. Blüte: III–IV. Sehr ähnlich der vorigen Art, aber gewöhnlich etwas kleiner und immer mit dunkelpurpurnen Blüten.

Iris aucheri (Baker) Sealy (= *Iris sindjarensis* Boiss. & Hausskn.)
Heimat: Südost-Türkei, westlicher Iran, nördliches Syrien und nördlicher Irak, auf felsigen Höhen zwischen 500–2600 m. Blüte: III–IV. Höhe um 15–40 cm. Blüten blaßblau, meist an den Stengelenden dicht beisammen. Gartenkultur recht einfach, bildet in Zwiebelkästen alsbald dichte Bestände. Im Sommer trocken halten.

Iris willmottiana Foster
Heimat: Zentralasien, besonders auf den Höhen bei Derbent. Blüte: V. Diese Art ist seit geraumer Zeit im Handel und lohnt die Kultur auf sommertrockenem Boden.

Iris orchioides Carr.
Heimat: Zentralasien, besonders im Tienschan, Karatau und Alatau, auf steinigen Hängen bis etwa 2000 m. Blüte: III–VII.

1/2 nat. Größe, Aufnahme 14. April

a Iris bucharica Foster
Heimat: Zentralasien, besonders im Pamir und in Tadschikistan, nordöstliches Afghanistan; bevorzugt steinige, grasige Höhen zwischen 800–2400 m. Blüte: III–IV. Höhe 15–45 cm. Die abgebildete Form wird üblicherweise im Handel angeboten. Gartenkultur einfach.

b Iris magnifica Vved.
Heimat: Zentralasien, besonders in den Bergen südlich von Samarkand; bevorzugt auf Kalkgestein um 1600 m. Blüte: III–IV. Größte bekannte Art mit Wuchshöhen um 1 m. Blüten weißlich oder blaßblau. Kultur auf trockenem, tiefgründigem Boden an sonnigen Stellen.

c Iris caucasica Hoffm.
Heimat: Südlicher Kaukasus, nordwestlicher Iran, Osttürkei und Nord-Irak; auf steinigen Gebirgssteppen zwischen 2400–3000 m. Blüte: V. Die aufrechten Teile der äußeren Perigonblätter sind deutlich geflügelt, aber im Unterschied zu *I. pseudocaucasica* flach. Kultur im Zwiebelkasten möglicherweise nicht schwierig.

Iris vicaria Vved.
Heimat: Zentralasien, besonders im Gebiet des Pamir; auf steinigen Hängen und zwischen Felsen um 2000 m. Blüte: III–IV. Wuchshöhe um 20–40 cm. Pflanzen meist auffallend wenigblütig. Blüten immer sehr blaß bläulich. Aufrechter Teil der äußeren Perigonblätter nicht geflügelt. Kultur möglicherweise nicht schwierig.

Iris cycloglossa Wendelbo
Heimat: Südwestliches Afghanistan; in flachen Tälern, die im Winter überflutet werden, im Sommer jedoch trocken sind, zwischen 1450–1700 m. Blüte: IV. Pflanze bis 40 cm hoch, mit etwa 6 schmalen Blättern an der Stengelbasis. Blüten wohlriechend und für eine *Iris*-Art ungewöhnlich gestaltet mit weißen äußeren und flach abstehenden inneren Perigonblättern. Im Freiland ohne Probleme zu halten.

Iris magnifica

Iris caucasica

Iris vicaria

Iris drepanophylla

Iris microglossa

Iris bucharica

Iris warleyensis

a Gagea glacialis C. KOCH.
Heimat: Kaukasus und nördliche Türkei, an feuchten Stellen alpiner Matten und Wiesen. Blüte: V–VI. Ähnelt einer sehr kleinen *G. fistulosa.*

b Anemone caucasica WILLD. EX RUPR. [= *Anemone blanda* var. *parvula* (DC.) BOISS.] Hahnenfußgewächse (*Ranunculaceae*)
Heimat: Kaukasus, nördlicher Iran und nordöstliche Türkei; auf alpinen Wiesen zwischen 500–2000 m. Blüte: IV–VI. Unterscheidet sich von *A. blanda* vor allem durch die geringe Größe. Eignet sich für feuchte Stellen in Gärten und Parks.

c Bellevalia hyacinthoides (BERTOL.) PERSSON & WENDELBO [= *Strangweja spicata* (SIBTH. & SM) BOISS.] Liliengewächse (*Liliaceae*)
Heimat: Griechenland; auf steinigen Hängen, in Ölbaumkulturen und auf Brachland bis 1000 m. Blüte: III–IV. Die flach ausgebreiteten Blätter entwickeln sich bereits im Herbst. Gartenkultur im Zwiebelkasten einfach.

d Anemone gortschakovii KAR. & KIR.
Heimat: Zentralasien, besonders im Tienschan und Alatau; auf felsigen Hängen bis 2000 m. Blüte: IV–V. Unterscheidet sich von *A. petiolulosa* durch den sehr langen Blütenschaft und sitzende Fiederabschnitte der basalen Blätter.

Iris bucharica FOSTER Schwertliliengewächse (*Iridaceae*) (Sektion *Juno*)
Freilandaufnahme nahe Dushanbe/Zentralasien in etwa 1000 m Höhe. Dicht stehende Pflanzen mit dunkelgelben Blüten, die je ein unterschiedliches braunes Streifenmuster tragen.

Iris warleyensis FOSTER
Heimat: Pamirgebirge von Samarkand bis Derbent; auf sandigen Höhen um 1300 m. Blüte: III–IV. Wuchshöhe 20–40 cm. Gartenkultur möglich.

Iris microglossa WENDELBO
Heimat: Endemisch im nordöstlichen Afghanistan auf trockenen, grasbestandenen Höhen, oft zwischen *Juniperus*-Beständen zwischen 1700–3000 m. Blüte: IV–VI. Wuchshöhe bis 60 cm. Blüten blaßblau bis weiß. Eine der am leichtesten zu kultivierenden *Iris*-Arten aus Afghanistan.

Iris drepanophylla AITCH. & BAKER
Heimat: Nordöstlicher Iran, nordwestliches Afghanistan und südwestliches Zentralasien; an trockenen Hängen, häufig auf Löß um 600–1800 m. Blüte: IV. Ränder des aufrechten Teils der äußeren Perigonblätter meist herabgeschlagen, nicht aufwärts gebogen, wie bei vielen anderen Arten.

Primula fedtschenkoi REGEL Primelgewächse (*Primulaceae*)
Heimat: Nördliches Afghanistan und Zentralasien, besonders in Usbekistan; bevorzugt auf trockenen Hängen zwischen 700–1600 m. Blüte: III–IV. Wuchshöhe 4–12 cm. Pflanze besitzt büschelige, knollige Wurzeln mit Sommerruhe.

3/4 nat. Größe, Aufnahme 28. März

Anemone caucasica

Primula fedtschenkoi

nat. Größe, Aufnahme 25. Februar

Anemone petiolulosa

Anemone petiolulosa × tschernjaewi

Geranium transversale

Anemone tschernjaewi

Anemone blanda Schott & Kotschy Hahnenfußgewächse (*Ranunculaceae*)
Heimat: Östliches Mittelmeergebiet von Albanien und Griechenland bis zum Libanon; in felsigen Gebieten und Trockengebüsch bis 2000 m. Blüte: III–V. Blüten in Griechenland meist weiß oder dunkelblau, in der Türkei dagegen meist einheitlich heller blau. Blätter unterseits unbehaart.
A. appenina L. mit längerem, kräftigerem Rhizom und unterseits behaarten Blättern, kommt von Korsika, Jugoslawien bis Griechenland vor. Verschiedene Kulturvarietäten wurden vor allem von der Firma van Tubergen eingeführt: **a** 'Radar' mit rosaroten, in der Mitte weißlichen Blüten; **b–d** Wildformen aus der Nähe von Delphi/Griechenland. Alle Formen eignen sich vorzüglich für die Gartenkultur im Halbschatten unter Laubbäumen.

Anemone petiolulosa Juz.
Heimat: Tienschan, Pamir und Kopet Dağ/Zentralasien; in Steppengebieten und an Berghängen auf steinigem Grund. Blüte: III–IV. Nahe verwandt mit *A. biflora*, Blüten jedoch immer gelb, kleiner und weniger kugelig. Blattzipfel ziemlich spitz zulaufend. In Gartenkultur kaum bekannt.

Anemone tschernjaewi Regel
Heimat: Nord-Afghanistan, Kaschmir und Zentralasien, besonders Tienschan und Pamir; bevorzugt felsige Standorte unter Gebüsch zwischen 900–2000 m. Blüte: III–V. Blüten weißlich bis violett. Blätter dreilappig, Lappen nahezu ganzrandig. Gartenkultur nicht schwierig, am ehesten im Topf.

Anemone petiolulosa × tschernjaewi
Pflanze mit intermediären Merkmalen zwischen den Elternarten; ähnelt sehr *A. eranthoides* Regel, die aus der gleichen Gegend beschrieben wurde.

Geranium transversale (Kar. & Kir.) Vved.
Storchschnabelgewächse (*Geraniaceae*)
Heimat: Westliches Sibirien, Zentralasien und Nordchina; in Ebenen und im flachen Hügelland. Blüte: IV–V. Blätter mit 7–9 linealischen Abschnitten.

1/2 nat. Größe, Aufnahme 14. April

Busch-Windröschen (*Anemone nemorosa*) L. Hahnenfußgewächse (*Ranunculaceae*)
Heimat: Weitverbreitet, Nordeuropa ostwärts bis zur Türkei und zum nordwestlichen Asien; vor allem in laubholzreichen Wäldern und lichtem Gebüsch. Blüte: III–VI. Blüten der Wildpflanzen meist reinweiß, außen rosa bis purpurn. In Irland, woher auch einige der Gartenformen stammen, gibt es auch bläuliche Individuen. **a** 'Robinsoniana', Blüten blaßblau, außen rötlich; **b** 'Vestal', Blüten reinweiß; **c** 'Bracteata', gefüllte Form mit einigen grünen Perigonblättern; seit dem 16. Jahrhundert in Kultur; **d** 'Allenii', Blüten blaßblau, außen rosa; **f** Wildform aus dem südlichen England (Kent); **g** 'Grandiflora', großblütige Form. Die nah verwandte *A. altaica* FISCHER aus Rußland und Sibirien hat weiße, blau geaderte Blüten. Alle Formen und Varietäten eignen sich gut für die Kultur in Gärten und Parks. Schattige Standorte unter Laubbäumen werden bevorzugt angenommen.

e Anemone × lipsiensis BECK. (= *Anemone × intermedia* WINKLER)
Sehr formenreicher Bastard zwischen *A. nemorosa* und *A. ranunculoides*, die im Freiland am gemeinsamen Standort der Elternarten häufiger auftritt. Kultur in Gärten und Parks, bevorzugt unter Laubbäumen.

h, i Anemone blanda SCHOTT & KOTSCHY
h 'White Splendour', großblütige Form mit Einzelblüten bis 5 cm Durchmesser, **i** 'Atrocaerulea'

j, k Gelbes Windröschen (*Anemone ranunculoides* L.)
Heimat: Nördliches Europa über Belgien und Spanien bis zum Kaukasus und nach Sibirien; bevorzugt in humusreichen, feuchten Laubwäldern und in schattigem Gebüsch. Blüte: III–VI. 2 Unterarten: ssp. *ranunculoides*, eine kräftige Pflanze bis 30 cm Höhe mit weit kriechendem Rhizom; ssp. *wockeana* (ASCH. & GRAEBN.) HEGNI, kleinere Exemplare mit kurzem Rhizom und dichten Beständen. Kultur in Gärten und Parks, bevorzugt unter Laubbäumen.

Anemone biflora DC.
Heimat: Iran, Afghanistan, Pakistan und Kaschmir; an steinigen, meist trockenen Hängen des Berglandes. Blüte: III–V. Blüten entweder rot oder bronzegelb, größer als die der verwandten *A. petiolulosa*, bis 5 cm breit. Blattzipfel ziemlich stumpf. Topfkultur möglich.

l–q Scharbockskraut (*Ranunculus ficaria* L.)
Heimat: Im gesamten Europa verbreitet und ziemlich häufig, fehlt nur auf den kleineren atlantischen Inseln, ostwärts bis Alma Ata und Sibirien; in laubholzreichen Wäldern, an Gebüschsäumen und auf Auwiesen. Blüte: I–IV. Sehr formenreich. Vermehrt sich vegetativ durch Brutknöllchen. **l, m** Formen mit teilweise verdoppelter Blütenhülle; **n** sehr kleinblütige Form mit doppelter Blütenhülle; **o** Form mit sehr dunklen, fast braungelben Blüten; **p** ssp. *ficariiformis* ROUY & FOUC., sehr großwüchsige Form aus Südeuropa; **q** weißblütige Form. Alle Varietäten sind attraktive Frühjahrsblüher, die sich für die Kultur an feuchteren Stellen von Parks und Gärten hervorragend eignen.

1/2 nat. Größe, Aufnahme 17. April

Anemone biflora

1/2 nat. Größe, Aufnahme 14. April

a Ornithogalum collinum Guss. (= *Ornithogalum tenuifolium* Guss.) Liliengewächse (*Liliaceae*)
Heimat: Mittelmeergebiet; auf offenem Kulturland und unter lichtem Gebüsch an trockenen Hängen. Blüte: IV–V. Es gibt zahlreiche Milchstern-Arten, die sich zum Teil nur in unauffälligen Details unterscheiden. Viele dieser Arten eignen sich als Zierpflanzen in Parks und Gärten, wobei die teils unterschiedlichen Blütezeiten zu berücksichtigen sind.

b Scilla lilio-hyacinthus L.
Heimat: Mittelfrankreich bis Nordspanien, in Laubwäldern und in feuchteren Wiesen. Blüte: V. Typisch: Die eigenartige Zwiebel mit ihren einzelnen Schuppen und wenigblütiger Blütenstand. Die abgebildete Pflanze ist ungewöhnlich klein; normalerweise beträgt die Wuchshöhe um 15 bis 40 cm. Im Schatten und Halbschatten leicht zu kultivieren.

c Anemone pavonia Lam. Hahnenfußgewächse (*Ranunculaceae*)
Heimat: Mittelmeergebiet von Südfrankreich bis Türkei; in Wiesen, an Feldern, an Hängen und in Gebüschsäumen, besonders häufig in alten Ölgärten. Blüte: II–IV. Blütenfarbe variiert zwischen rosa, purpurnen oder scharlachroten Tönen. Nahe verwandt mit *A. hortensis,* die jedoch zahlreichere Blütenhüllblätter besitzt, und *A. coronaria,* die sich durch die fein zerteilten Blätter unterscheidet. Gartenkultur unproblematisch.

d Muscari tubergenianum Hoog. ex Turrill Liliengewächse (*Liliaceae*)
Heimat: Noch nicht bekannt, vermutlich schließt sie den nördlichen Teil des Iran und das angrenzende Umland ein. Nahe verwandt mit *M. aucheri* (Boiss.) Baker, möglicherweise sogar nur eine Kleinart aus diesem Verwandtschaftskreis. Blüten reinblau. Kultur einfach.

e Muscari armeniacum Leichtlin ex Baker
Heimat: Jugoslawien, Bulgarien, Griechenland, Türkei und Kaukasus; bevorzugt an grasbestandenen Hängen und Säumen. Sehr formenreich. Blätter 5–7, bis etwa 10 mm breit. Blüten oft etwas rötlich angeflogen. Gartenkultur auf guten Böden an sonnigen Stellen ohne weiteres möglich. Bei der Kulturvarietät 'Blue Spike' wird jede Einzelblüte durch eine seitliche Traube ersetzt.

f Kleine Traubenhyazinthe (*Muscari botryoides* (L.) Miller)
Heimat: Frankreich, Deutschland und Polen bis in den Mittelmeerraum. Wuchshöhe bis 30 cm. Blätter kürzer als Stengel, meist zu 2–3. Die abgebildete Form ist ein Albino, die in Handelssortimenten mitunter auftritt. Kultur einfach.

Ornithogalum nutans L.
Heimat: Balkan (Bulgarien, Griechenland) bis zur Türkei; an vielen Stellen Europas eingebürgert; auf Kultur- und Ödland. Blüte: IV–V. Typisch: Große (bis 30 mm breite), nickende Blüten, die erst lange nach dem Laubaustrieb erscheinen. Kultur in Rasen oder unter Gebüsch möglich.

Anemone pavonia

Ornithogalum nutans

1/2 nat. Größe, Aufnahme 2. April

a Muscari azureum Fenzl
Heimat: Kaukasus und nordwestliche Türkei; in feuchten Bergwiesen. Gartenkultur an sonnigen Stellen in gutem Boden oder auch im Topf möglich. Auch in weißer Form bekannt.

b Scilla furseorum Meikle
Heimat: Endemisch im nordöstlichen Afghanistan nahe Faisabad; an steinigen Hängen bis um 1500 m. Die sehr ähnliche Art *S. griffithii* hat einen größeren Blütenstand und hängende, keine aufrechten Blüten. Kultur im Zwiebelkasten oder im Kalthaus möglich, sollte während des Sommers trocken gehalten werden.

c Bellevalia trifoliata (Ten.) Kunth
Heimat: Südliches Italien bis Griechenland, Türkei und Ägypten, in Südfrankreich stellenweise eingebürgert; bevorzugt offene, trockene Standorte und kommt meist auf Ödland vor. Blüte: IV–V. Aus der weiteren Verwandtschaft gibt es noch zahlreiche, zum Teil recht ähnliche Arten.

d Scilla cilicica Siehe
Heimat: Zypern und südöstliche Türkei bis Israel; an Kalkfelsen bis in etwa 1000 m. Blüte: III–V. Unterscheidet sich von ähnlichen Arten durch sehr lange Blätter, die bereits vor der Blüte entwickelt werden. Blüten purpurn oder bläulich, in lockerer Traube, aufrecht oder abstehend. Gartenkultur im Zwiebelkasten unproblematisch, muß während des Sommers trocken gehalten werden.

e Allium paradoxum (Bieb.) G. Don.
Heimat: Kaukasus, nördlicher Iran und im Kopet Dağ, stellenweise im westlichen Europa (Schottland) eingebürgert; bevorzugt in Wäldern von Seehöhe bis 2300 m. Blüte: IV–V. Pflanze meist 15–30 cm hoch, mit nur einem großen, flachen Laubblatt und 1–4 großen, nickenden weißen Blüten. Die Blüten werden manchmal durch Bulbillen ersetzt. Im Unterschied zu *A. triquetrum* rundliche Blütenhüllblätter und ein einzelnes Laubblatt. Kultur in Parks und Gärten einfach.

f Muscari armeniacum Leichtlin ex Baker
Heimat: Südöstliches Europa, von Jugoslawien und Bulgarien südwärts bis zum Kaukasus und zur Türkei; an offenen Hängen bis 2000 m. Blüte: IV–V. Die Abbildung zeigt eine der üblichen Kulturvarietäten. Gartenkultur wie bei den meisten anderen Arten nicht schwierig; bevorzugt sonnige, offene Stellen.

g Muscari neglectum Guss. ex Ten.
[= *Muscari atlanticum* Boiss. & Reut.
= *Muscari racemosum* (L.) Miller]
Heimat: Europa von Nordfrankreich südwärts bis Nordafrika, östlich bis zum Libanon und Kaukasus, Iran und Altai; in England stellenweise eingebürgert. Unterscheidet sich von ähnlichen Arten durch seine schwarzblauen Blüten mit dem weißlichen Kronsaum. Gartenkultur sehr einfach. Beliebte Zierpflanze. Größe sehr variabel. Recht vermehrungsfreudig.

h Muscari commutatum Guss.
Heimat: Mittleres bis südliches Italien, Nordafrika, östlich auch im Libanon und in der Türkei; auf steinigen, trockenen Standorten und im Gebüsch. Unterscheidet sich von ähnlichen Formen vor allem durch die sehr dunklen, fast schwärzlichen Blüten mit schwarzen Zipfeln. Eignet sich gut als Zierpflanze.

2/3 nat. Größe, Aufnahme 21. März

1/2 nat. Größe, Aufnahme 2. Mai

a Bellevalia pycnantha (C. Koch) A. Los. (= *Muscari pycnanthum* C. Koch)
Heimat: Östliche Türkei, nordwestlicher Iran und Armenien; vor allem in Wiesen und Feuchtgebieten der Gebirge bis 1000–2000 m. Blüte: V–VI. Kultur an sonnigen Stellen, die im Frühjahr recht feucht sein sollten.

b Bellevalia romana (L.) Rchb.
Heimat: Mittelmeergebiet: in Wiesen und auf Ödland, meist an trockeneren Stellen als die vorige Art. Blüte: III–V. Gartenkultur an sonnigen Stellen auf trockenem Boden möglich.

c Muscari latifolium Kirk
Heimat: Nordwestliche Türkei; vor allem in offenen Kiefernbeständen bis 1000 m. Blüte: IV. Sehr auffallend und gut kenntlich an dem einzelnen, recht breiten Laubblatt, das den Stengel an der Basis umschließt. Kultur an sonnigen Stellen, die im Frühjahr recht feucht sein sollten.

d Iris × warlsind hort. (Sektion *Juno*)
Hybride Form aus *I. warleyensis* und *I. aucheri* (= *Iris sindjarensis*). Gartenkultur einfach.

e Ranunculus asiaticus L. Hahnenfußgewächse (*Ranunculaceae*)
Heimat: Östliches Mittelmeergebiet; bevorzugt an steinigen, feinerdearmen Stellen an Hängen und zwischen Felsen. Blüte: IV–V. Blüten meist rot, mitunter aber auch gelb, purpurn, rosa oder sogar reinweiß. Kultur im Zwiebelkasten oder im Topf möglich, wenn die Pflanze im Sommer trocken gehalten wird.

f Muscari caucasicum Griseb. ex Baker
Heimat: Türkei, südlicher Kaukasus, Nordiran und im Kopet Dağ bis 3000 m; auf alpinen und subalpinen Matten, steinigen Hängen und unter Gebüsch. Blüte: IV bis VIII. Im Unterschied zum verwandten *M. comosum* recht kurzgestielte Blüten an der Spitze des Blütenstandes. Kultur möglich und einfach.

g Fritillaria lusitanica Wikstrom (= *Fritillaria hispanica* Boiss. & Reut.)
Heimat: Weite Teile des zentralen und südlichen Spaniens und Portugal; in lichten, offenen Kiefernbeständen der Ebenen und unteren Höhenlagen, zwischen Felsen, in der Sierra Nevada auch in der alpinen Zone bis 3000 m. Blüte: III–VII. Sehr variabel. Kultur am besten im Kalthaus.

h Scilla ramburei Boiss.
Heimat: Südwestspanien, Portugal und Nordafrika in der Gegend um Tanger; vor allem an sandigen, offenen Standorten der Ebenen. Blüte: III–VI. Mitunter als Unterart von *S. verna* angesehen, jedoch wesentlich kleiner, mit lockerem Blütenstand und kleinen Blüten auf längeren Stielen. Gartenkultur an sonnigen Stellen in Sandboden einfach.

i Scilla monophylla Link.
Heimat: Westliche Iberische Halbinsel; in meeresnahen Heidegebieten, lichten Kiefernbeständen und anderen, sehr sandigen Standorten. Blüte: II–VI. Gartenkultur an sonnigen Stellen auf Sandböden unproblematisch.

j Scilla persica Hausskn.
Heimat: Von der südöstlichen Türkei bis zum westlichen Iran; bevorzugt in Wiesen des Berglandes bis 1700 m. Blüte: V. Wuchshöhe 15–20 cm. Im Zwiebelkasten oder an sonnigen Stellen im Freiland gut zu kultivieren.

1/2 nat. Größe, Aufnahme 17. April

1/2 nat. Größe, Aufnahme 2. Mai

a Anemone coronaria L. Hahnenfußgewächse (*Ranunculaceae*)
Heimat: Mittelmeergebiet. In Zentralasien wird eine sehr ähnliche Form als *A. bucharia* REGEL bezeichnet. Blüten bläulich, rosa, rot oder weiß. Kultur in trockenem Boden an sonnigen, lichten Stellen.

b Anemone hortensis L. (= *Anemone stellata* LAM., = *Anemone fulgens* GAY)
Heimat: Mittelmeergebiet; in Gebüsch- und Heckengelände, in alten Ölgärten oder auf Feldern. Blüte: II–IV. Blüten meist purpurn. Die rechts oben abgebildeten Blüten gehören zu der Kulturvarietät 'St Bavo' (Kreuzung von *A. hortensis* mit *A. pavonia*). Kultur in trockenem Boden an sonnigen, lichten Stellen.

c Gernium tuberosum L. Storchschnabelgewächse (*Geraniaceae*)
Heimat: Mittelmeergebiet, Kleinasien bis zum Kaukasus; an offenen, steinigen, trockenen Stellen, meist als Unkraut in Getreidefeldern. Blüte: IV–VII. Als Zierpflanze ist die nordafrikanische Art *G. atlanticum* wegen ihrer auffallenderen Blüten besser geeignet.

d, e Muscari armeniacum LEICHTLIN EX BAKER Liliengewächse (*Liliaceae*)
Heimat: Balkan; bevorzugt steinige bis grasige Hänge bis 2000 m. Blüte: IV–V. Kultur in trockenem Boden an sonnigen, lichten Stellen einfach.

f Gagea graeca (L.) TERR. (= *Lloydia graeca* L.)
Heimat: Kreta, Griechenland und Türkei; meist in Feinerdeansammlungen in Felsfugen und -klüften oder zwischen Gestein. Blüte: III–IV. Kultur im Kalthaus an sonnigen Stellen bei sommerlicher Trockenheit.

g Gagea confusa TERR. (= *Gagea minimoides* PASCHER)
Heimat: Osttürkei, nördlicher Iran, Westirak und südliches Transkaukasien; an grasigen Stellen im Hochgebirge, meist in der Nähe abschmelzender Schneeflecken zwischen 2000–3000 m. Blüte: IV–VII. Kultur im Zwiebelkasten; im Frühjahr recht feucht halten.

h Muscari macrocarpum SWEET
Heimat: Ägäische Inseln, Kreta und westliche Türkei; auf meeresnahen Kalkklippen. Blüte: IV–V. Unterscheidet sich von *M. moschatum* durch die gelben Blüten, die nur im Knospenzustand purpurn ausgefärbt sind. Kultur an trockeneren, sonnigen Stellen einfach.

i Bellevalia longipes POST
Heimat: Östlicher Mittelmeerraum; an Hängen und auf Feldern zwischen 900–2000 m. Blüte: IV–V. Sehr komplexer, formenreicher Verwandtschaftskreis, zeichnet sich durch verlängerte Fruchtstiele (Abbildung) aus. Ähnlich ist die in den Steppengebieten Südrußlands bis nach Rumänien verbreitete *B. sarmatica* (PALLAS EX GEORGI) WORON. Kultur an trockenen, sonnigen Stellen einfach.

Schopf-Traubenhyazinthe (*Muscari comosum* (L.) MILLER)
Heimat: Europa; meist an Wegrändern, in lückigen Trockenrasen, an Ackerrändern und Gebüschsäumen bis 2200 m. Blüte: III–VII.

j Ornithogalum fimbriatum WILLD.
s. Seite 38

Bellevalia dubia (GUSS.) RCHB.
Heimat: Italien, Jugoslawien, Griechenland und Türkei; meist an steinigen, trockenen Hängen und Ackerrändern bis 1000 m. Blüte: III–IV.

1/3 nat. Größe, Aufnahme 22. April

Muscari comosum

Bellevalia dubia

Hyacinthoides non-scripta

1/4 nat. Größe, Aufnahme 2. Mai

1/4 nat. Größe, Aufnahme 17. April

a, c Hyacinthoides hispanica (MILLER) ROTHM. (= *Scilla hispanica* MILLER)
Heimat: Spanien, Portugal und Nordafrika (besonders Algerien und Marokko), an mehreren Stellen im südwestlichen Europa eingebürgert; in Wäldern und lichtem Gebüsch, meist in felsigen Gegenden. Blüte: III–V. Unterscheidet sich von der nachfolgenden Art durch aufrechte Trauben, weiter geöffnete Blüten und breitere Blätter. Hybriden kommen in Kultur immer wieder vor. **a** Hybride, die in ihren Merkmalen zwischen den Elternarten *H. hispanica* und *H. non-scripta* steht. Weiße (**c**) oder rosafarbene Formen treten ebenfalls auf.

b Hasenglöckchen (*Hyacinthoides non-scripta* (L.) CHOUARD EX ROTHM.) [= *Endymion non-scripta* (L. GARCKE, *Scilla non-scripta* (L.) HOFFM. & LINK.]
Heimat: Westliches Mitteleuropa von Belgien und Frankreich bis Portugal, in Deutschland nur im äußersten Nordwesten (Naturschutz!); in anspruchsvollen Laubwäldern und Gebüschen. Blüte: IV–VI. Kultur nur an kühlen, schattigen Stellen in atlantischem Klima möglich.

d Schachblume (*Fritillaria meleagris* L.)
Heimat: Europa von Nordjugoslawien und Südrußland bis Polen, Mittelfrankreich und Südengland, in Skandinavien stellenweise eingebürgert; in Deutschland ziemlich selten in nassen Auwiesen und in Flachmooren (Naturschutz!). Blütenfarbe variiert von dunkelpurpurn bis weiß. Gartenkultur möglich.

e Sommer-Knotenblume (*Leucojum aestivum* L.) Amaryllisgewächse (*Amaryllidaceae*)
Heimat: Europa bis zum Iran und Südwestasien; in Deutschland ziemlich selten (Naturschutz!); in nassen Wiesen und Auen, besonders in Flußnähe. Blüte: III– V. Unterscheidet sich von der Frühlings-Knotenblume (*Leucojum vernum*) durch wesentlich kleinere Blüten und 3–7blütige Blütenstände. Blätter entwickeln sich bereits im zeitigen Frühjahr. Fruchtstände schwellen an und können vom Wasser verfrachtet werden. Eine großblütige Kulturvarietät 'Gravety' ist bekannt. Gartenkultur nicht einfach.

Fritillaria meleagris

3/4 nat. Größe, Aufnahme 13. März

a Fritillaria pinardii Boiss. (= *Fritillaria syriaca* Hayek & Siehe, *Fritillaria alpina* Freyn & Sint.) Liliengewächse (*Liliaceae*)
Heimat: Südliches Armenien, weite Teile der Türkei, Syrien und Libanon; an steinigen Stellen des Berglandes, in der Nähe tauenden Schnees, bis 1800 m. Blüte: V–VI. Sehr formenreich, aber gut kenntlich an den ziemlich breiten Blättern, den purpurnen bis rötlichen Blüten (innen gelblich oder grün) und dem papillösen Griffel. Die Abbildung zeigt eine ziemlich kurzstengelige Form, die ursprünglich als *F. syriaca* beschrieben wurde. Kultur im Zwiebelkasten oder im Topf (Kalthaus).

b Fritillaria zagrica Stapf
Heimat: Iran, zwischen 1800–3000 m im Sagrosgebirge. Blüte: III–V, meist in der Nähe abtauender Schneereste. Gut kenntlich an den kleinen gelben Spitzen der Kronblätter. Wuchshöhe 4–12 cm. Kultur im Zwiebelkasten oder im Kalthaus.

c Fritillaria assyriaca Baker (= *Fritillaria canaliculata*)
Heimat: Östliche Türkei, westlicher Iran, nördlicher Irak, möglicherweise auch in Südarmenien; in der Steppe im steinigen Bergland oder auf Feldern zwischen 250–2500 m. Blüte: III–V. Unterscheidet sich von *F. pinardii* durch schmalere Blätter, schlankeren Stengel und sehr kurzen, kräftigen Griffel, Wuchshöhe um 15–30 cm. Empfindlich gegen Pilzbefall, Kultur daher schwierig.

d, e Fritillaria chlorantha Hausskn. & Bornm.
Heimat: Iran, besonders im nordwestlichen Sagrosgebirge; auf sehr steilen, steinigen Hängen zwischen 1800–3000 m. Typisch: Glänzende, grüne Blätter und grünliche Blüten, mit mitunter purpurnem Anflug. Griffel sehr kurz und gedrungen, an der Spitze geteilt. Wuchshöhe 4–10 cm. Kultur im Zwiebelkasten oder Kalthaus, jedoch schwierig.

f Fritillaria assyriaca × caucasica
Hybriden kommen in der Gattung *Fritillaria* nur recht selten vor. Die abgebildete Form tritt in der Natur jedoch häufiger auf, vor allem im Gebiet um Erzurum/Türkei, in dem beide Elternarten zusammen mit dem Bastard vorkommen. Die hybride Form bildet jedoch auch eigene, isolierte Bestände. Ziemlich kräftig und widerstandsfähig, daher auch in der Kultur verhältnismäßig einfach.

g Fritillaria armena Boiss.
Heimat: Nordöstliche Türkei im Gebiet um Erzurum; auf steinigen Hängen in der Nähe abschmelzender Schneeflecken zwischen 1800–2800 m. Blüte: V–VI. Typisch: Kleine, dunkelpurpurne, innen fast schwärzliche Blüten und kräftiger, gedrungener Griffel. Kultur im Zwiebelkasten oder Kalthaus.

Fritillaria raddeana Regel (= *Fritillaria askabadensis* M. Micheli)
Heimat: Nordöstlicher Iran und südwestliches Zentralasien, besonders im Kopet Dağ; zwischen Felsen und Gebüsch. Blüte: III–IV. Ähnelt im Aussehen der Kaiserkrone, die Blüten sind jedoch immer blaßgelb, die Nektarien bleiben sehr viel kleiner. Kultur ist einfach, am besten im Zwiebelkasten. Kulturformen gehen auf eine Sammlung zurück, die wahrscheinlich aus dem nordöstlichen Iran stammt.

Fritillaria raddeana, 1/2 nat. Größe, Aufnahme 13. März

2/3 nat. Größe, Aufnahme 28. März

a Fritillaria conica Boiss.
Heimat: Südgriechenland, besonders auf dem Peloponnes; bevorzugt in Seehöhe auf Kalkfelsen in immergrünem Eichengebüsch oder an Feldrändern. Von anderen klein- und gelbblütigen Arten durch die Wuchshöhe (um 25 cm) und den tief geteilten Griffel unterschieden. Kultur im Zwiebelkasten oder in guter Gartenerde im Freiland möglich, sonniger Standort vorausgesetzt.

b Fritillaria uva-vulpis Rix (= *Fritillaria assyriaca* hort. non Baker)
Heimat: Nordirak, westlicher Iran und südöstliche Türkei; in Getreidefeldern und Wiesen in 1000–2500 m. Blüte: III–IV. Unterscheidet sich von *F. assyriaca* Baker durch wenige sehr flache, glänzende Blätter und sehr gedrungenen Griffel. Diese Pflanze wurde häufig als *F. assyriaca* angesprochen und ist unter dieser falschen Bezeichnung häufig in Kultur.

c Fritillaria caucasica Adams (= *Fritillaria tulipifolia* M. Bieb.)
Heimat: Nordöstliche Türkei, nordwestlicher Iran und Kaukasus; vor allem in subalpinen Wiesen und Matten zwischen 1700–3000 m. Blüte: IV–VI. Unterscheidet sich von ähnlichen Formen durch hohen Wuchs (meist um 30 cm), wenig Blätter und meist recht schlanken Griffel. Kultur sehr schwierig.

d Fritillaria pinardii Boiss. (= *Fritillaria alpina* Freyn & Sint)
Die hier abgebildete Form gleicht sehr den ursprünglich als *F. alpina* beschriebenen Pflanzen, die sich durch einen schlanken Stengel und innen gelbe Blüten auszeichnen. Die Pflanze bewohnt steinige Hänge in der nordwestlichen Türkei und reicht südlich bis Ankara.

e Fritillaria forbesii Baker
Heimat: Endemisch im äußersten Südwestzipfel der Türkei rund um Marmaris, in lichtem Gebüsch, meist auf Serpentin um 50–350 m. Blüte: II–III. Gartenkultur sehr schwierig. Wegen des sehr eingeengten Vorkommens sollte die Art in der Natur nicht gesammelt werden!

f Fritillaria carica Rix
Heimat: Südwestliche Türkei, auf Samos und Chios; auf trockenen, steinigen, offenen Hängen, mitunter auch in lichtem Gebüsch oder in offenen Kiefernbeständen bis 1500 m. Blüte: III–V. Von der vorigen Art vor allem durch breitere Blätter und kürzeren Stengel unterschieden, von *F. bithynica*, die oft am gleichen Standort wächst, durch den fetten, papillösen Griffel. Fruchtkapsel nicht geflügelt. Kultur im Topf möglich.

g Fritillaria aurea Schott (= *Fritillaria cilicicotaurica* Hausskn., = *Fritillaria bornmuelleri* Hausskn.)
Heimat: Zentrale Türkei; an Klippen und zwischen Kalkfelsen, oft in der Nähe abschmelzender Schneereste zwischen 1800–3000 m. Blüte: V–VII. Sehr große, goldgelbe Blüten unterscheiden diese Pflanze von allen anderen Arten, mit Ausnahme der *F. collina*, die schmalere Blätter und außen grünliche Perigonblätter hat, deren Ränder fein bewimpert sind. *F. tubiformis* ssp. *moggridgei* besitzt dagegen nur blaßgelbe Blüten. Kultur im Topf möglich.

h, i Fritillaria aurea × pinardii
Abbildung: Zwei hybride Exemplare mit mutmaßlichen Elternarten. Hybriden kommen in der Gattung *Fritillaria* nur sehr selten vor, obwohl recht häufig zwei oder drei verschiedene Arten in der Natur dicht nebeneinander wachsen. Die Hybriden verhielten sich in Kultur recht wüchsig.

2/3 nat. Größe, Aufnahme 28. März

Außerdem ist inzwischen auch die Rückkreuzung mit *F. aurea* gelungen.

j Fritillaria pinardii Boiss.
Die abgebildete Form kommt in der zentralen Türkei an verschiedenen Stellen vor. Sie ist meist ziemlich kleinwüchsig und fällt durch den röhrigen Blütenteil auf. Boissier nennt sie in seiner „Flora orientalis" *F. fleischeri*, vermutlich gehört sie jedoch zum Formenkreis der *F. pinardii.*

Fritillaria latifolia Willd. (= *Fritillaria nobilis* Baker)
Heimat: Kaukasus und nordöstliche Türkei; in alpinen Wiesen und auf steinigen Hängen, meist in der Nähe bleibender Schneeflecken zwischen 1800–3000 m. Blüte: V–VII. Von der ähnlichen *F. tubiformis* unterscheidet sie sich durch glänzende, nicht bläuliche Blätter und kleinere, außen nicht graue Blüten. Kultur schwierig.

Fritillaria latifolia

nat. Größe, Aufnahme 21. März

a, c Fritillaria crassifolia Boiss. & Huet. ssp. **kurdica** (Boiss. & Noe) Rix (= *Fritillaria karadaghensis* Turrill)
Heimat: Südöstliche Türkei, nordwestlicher Iran und südliches Transkaukasien; bevorzugt steinige Hänge und Felsfluren in Hochgebirgslagen zwischen 1500–3000 m. Blüte: IV–VIII. Nektarien länglich, etwa 8–10 mm lang. Eine der hier abgebildeten Formen wurde zeitweise unter der Bezeichnung *F. grossheimiana* geführt. Kultur im Zwiebelkasten in sehr lockerem, fast kiesigem Boden möglich.

b Fritillaria straussii Bornm.
Heimat: Südöstliche Türkei und nordwestlicher Iran; in Eichengebüsch und Hochstaudenfluren zwischen 1500–2500 m. Blüte: V–VI. Blüten dunkelpurpurn oder anfangs grün und erst später nachdunkelnd. Nektarien länglich. Kultur im Zwiebelkasten in sehr lockerem Boden.

d Fritillaria michailovskyi Fomine
Heimat: Umgebung von Erzurum bis Kars in der Türkei; auf steinigen oder erdigen Hängen zwischen 2000–3000 m. Blüte: V–VI. Die abgeblühten Perigonblätter bleiben um die reifende Fruchtkapsel erhalten. Kultur im Zwiebelkasten in sehr lockerem Boden.

e Fritillaria graeca Boiss. & Spruner
Heimat: Südliches Griechenland; in niedrigen Gebüschen und Tannenbeständen in 700–1800 m. Blüte: III–V. Die Abbildung zeigt ein sehr kräftiges Exemplar, das auch unter der Bezeichnung *F. guicciardii* Held & Sart. geführt wurde. Kultur möglich.

f Fritillaria davisii Turrill
Heimat: Südliches Griechenland (Peloponnes); in unteren Höhenlagen in Gebüsch, auf Feldern und in Ölgärten. Blüte: III. Steht *F. graeca* verwandtschaftlich sehr nahe. Beide untersten Blätter flach ausgebreitet, Blüte meist dunkelpurpurn mit deutlichem, in der Mitte gelegenem grünlichem Mal. Kultur nicht schwierig.

g Fritillaria crassifolia ssp. **poluninii** Rix
Heimat: Nordöstlicher Irak; in Kalksteinfelsfluren zwischen 2200–2400 m. Blüte: IV–VI, oft in der Nähe bleibender oder abtauender Schneeflecken.

h Fritillaria crassifolia Boiss. & Huet. ssp. **crassifolia** (= *Fritillaria ophioglossifolia* Freyn & Sint.)
Heimat: Türkei; nur stellenweise in den südwestlichen, zentralen und nordöstlichen Gebieten, meist auf Kalksteinuntergrund in Felsfluren in 1500–2600 m. Blüte: V–VI.

i Fritillaria crassifolia ssp. **hakkarensis** Rix
Heimat: Südöstliche Türkei und nordöstlicher Irak; in der Nähe bleibender Schneeflecken in 1500–3500 m. Blüte: V–VII. Der Unterart ssp. *kurdica* sehr nahestehend, jedoch mit dunkelgrün glänzenden Blättern und kleineren, stärker geöffneten Blüten.

Fritillaria alburyana Rix (= *Fritillaria erzurumica* Kasap.)
Heimat: Nordöstliche Türkei; in kiesigem Geröll oder zwischen Grashorsten nahe bleibender Schneeflecken in 2000–3000 m. Erwies sich als für die Kultur recht schwierig, weil ihr möglicherweise in Mitteleuropa keine ausreichend lange Kälteperiode geboten werden kann.

nat. Größe, Aufnahme 28. März

1/4 nat. Größe, Aufnahme 28. März

Fritillaria alburyana

1/2 nat. Größe, Aufnahme 14. April

1/3 nat. Größe, Aufnahme 28. März

1/3 nat. Größe, Aufnahme 2. April

a Fritillaria sibthorpiana (SIBTH. & SM) BAKER
Heimat: Südwestliche Türkei in einem kleinen Gebiet bei Marmaris; in offenen Kiefernbeständen auf Kalkgestein in etwa 400 m. Blüte: IV. Typisch: Kleine, gelbe Blüten und 2 lanzettliche Stengelblätter. Kultur recht einfach, am ehesten im Zwiebelkasten oder im Topf.

b Fritillaria alfredae ssp. **glaucoviridis** (TURRILL) RIX (= *Fritillaria haradjanii* BRIQU.)
Heimat: Südliche Türkei, besonders im Amanus-Gebirge; in Eichengebüsch oder Buchenwäldern, meist in 500–1500 m. Blüte: IV–V. Wuchshöhe etwa 10–35 cm. Fruchtkapsel geflügelt. Kultur im Zwiebelkasten oder im Topf. Samenansatz nur nach künstlicher Bestäubung.

c Fritillaria alfredae ssp. **platyptera** (SAMUELSON) RIX
Heimat: Südliche Türkei und Syrien, vor allem im südlichen Teil des Amanus-Gebirges; in Eichengebüsch und Wäldern bis in 800 m. Blüte: IV–V. Der vorigen Form sehr ähnlich, jedoch etwas schlanker, mit längeren Stengelblättern und schmalen, basalen Blättern. Die ssp. *alfredae* ist eine sehr seltene, nur aus dem Libanon bekannte Form mit insgesamt viel kleinerem Wuchs.

d Fritillaria bithynica BAKER (= *Fritillaria citrina* BAKER, *Fritillaria schliemannii* SINT., *Fritillaria pineticola* SCHWARZ)
Heimat: Westliche Türkei und auf den Inseln Samos und Chios; in offenen, lichten Kiefernbeständen und Eichengebüsch in 100–1200 m. Blüte: III–V. Typisch: Grünliche Blüten, die nur innen gelb sind und selten auch eine purpurne Zeichnung aufweisen; ungeteilter, schlanker Griffel. Kultur im Zwiebelkasten oder Topf.

e Fritillaria ehrhartii BOISS. & ORPH.
Heimat: Ägäische Inseln Euböa, Skiros, Andros und Siros; in niedrigem Trockengebüsch zwischen Felsen. Blüte: II–IV. Unterscheidet sich von der vorigen Art durch die purpurnen Blüten, deren einzelne Perigonblätter jeweils eine gelbliche Spitze tragen. Griffel sehr schlank, ungeteilt. Kultur möglich.

f Fritillaria minuta BOISS. & NOE. (= *Fritillaria carduchorum* RIX)
Heimat: Nordwestlicher Iran und östliche Türkei; an erdigen Hängen und zwischen Eichengebüsch in 1000–3500 m. Blüte: IV–VII, häufig in der Nähe bleibender Schneeflecken. Unterscheidet sich vor allem durch seine schmalen, ziegelroten Blüten und den glatten, tief geteilten Griffel. Im Topf (Kalthaus) oder im Zwiebelkasten leicht zu kultivieren.

g Fritillaria severtzovii REGEL [= *Korolkovia severtzovii* (REGEL) REGEL]
Heimat: Zentralasien, besonders im Tienschan und Pamir; an Felssäumen, zwischen Gebüsch und an steilen Hängen in 1000–3000 m. Blüte: III–VII. Die Zwiebel gleicht denen anderer *Fritillaria*-Arten, die verzweigten Wurzeln ähneln denen von *F. imperialis*. Die Form der Perigonblätter und die Nektarien weisen dagegen eher in die Verwandtschaft der Gattung *Lilium*. Kultur einfach, muß im Sommer trocken gehalten werden.

h Fritillaria collina ADAMS (= *Fritillaria lutea* M. BIEB.)
Heimat: Kaukasus; auf alpinen Wiesen und zwischen Birken-Gebüsch, meist in 2000–4500 m. Blüte: V–VI. Eng verwandt mit *F. aurea*, die Blüten sind jedoch größer und blasser; innere Perigonblätter mit fein gezähnten Rändern. Kultur möglich, aber nicht sehr einfach.

1/2 nat. Größe, Aufnahme 14. April

Fritillaria bucharica

Fritillaria walujewii

Fritillaria verticillata

Fritillaria amabilis

Fritillaria cirrhosa

a Fritillaria minima RIX
Heimat: Südöstliche Türkei; auf steinigen Hängen zwischen Felsstücken um 2900 bis 3000 m. Blüte: VI–VII, überwiegend in der Nähe schmelzender oder bleibender Schneeflecken. Kulturbedingungen noch nicht genau bekannt.

b Fritillaria montana HOPPE
Heimat: Südöstliches Frankreich, Italien und auf dem Balkan bis zum nördlichen Griechenland; auf kalkigem Untergrund zwischen Blöcken aus gröberem Gestein und an steinigen Hängen und Bänken in 50–1600 m. Blüte: III–V. Kultur recht einfach, am ehesten im Zwiebelkasten oder im Freiland, sollte im Sommer ziemlich trokken gehalten werden.

c Fritillaria tubiformis GREN. & GODRON (= *Fritillaria delphinensis* GREN. & GODRON)
Heimat: Südöstliches Frankreich und nordwestliches Italien; ausschließlich auf alpinen Wiesen in 1500–2000 m. Blüte: V–VI. Die Unterart *moggridgei* BOISS. & REUT. EX RIX besitzt gelbe Blüten und längere Nektarien. Kann in guter, torfiger Gartenerde im Zwiebelkasten oder Beet leicht kultiviert werden, sollte aber während des Sommers nie gänzlich austrocknen.

d Fritillaria tuntasia HELDR. EX HALACSY
Heimat: Griechenland, besonders auf den Inseln Serifos und Kithnos; bevorzugt an steinigen, trockenen Felshängen und unter lichtem Gebüsch. Blüte: III–IV. Kultur im Zwiebelkasten oder Freiland, im Sommer trocken halten.

e Fritillaria reuteri BOISS.
Heimat: Südwestiran, besonders nördlich und westlich von Isfahan; auf feuchteren, steinigen Wiesen des Berglandes in 2500–3000 m, oft in ausgedehnten, individuenreichen Beständen. Blütenfarbe und Nektarien ähneln sehr *F. michailovskyi*, doch ist die Pflanze insgesamt etwas schlanker und trägt an der Basis jedes Blütenstiels zwei sehr kleine Hochblätter. In der Kultur nicht sehr widerstandsfähig und etwas schwierig.

f Fritillaria bucharica REGEL
Heimat: Nordöstliches Afghanistan und Zentralasien, besonders im Pamir; auf steilen, felsigen Hängen und Bänken, meist in 1000–2400 m. Blüte: III–V. Kultur in einem Zwiebelkasten oder im Topf nicht schwierig, sollte während des Sommers trocken gehalten werden.

g Fritillaria elwesii BOISS.
Heimat: Südliche Türkei; an Feldrändern, in lichtem Gebüsch und in offenen Kiefernbeständen und deren Säumen, meist entlang der Küste, in 500–1200 m. Blüte: III–V. Nahe verwandt mit *F. assyriaca* BAKER, aber doch etwas kleiner, mit gelapptem Griffel. Vermehrt sich sehr gut durch Bulbillen.

Fritillaria walujewii REGEL (= *Fritillaria ferganensis* A. LOS.)
Heimat: Zentralasien, besonders in den Hochgebirgen des Pamir, Tienschan und Alatau; auf Felssäumen und zwischen *Juniperus*-Gebüsch, meist bis 2000 m. Blüte: IV–V. Nektarien lanzettlich. Kulturerfahrungen liegen noch nicht vor, da die Pflanze erst kürzlich eingeführt wurde. Am natürlichen Standort wächst die Pflanze meist in lockerem, moosbestandenem Boden.

Fritillaria amabilis KOIDZUMI
Heimat: Südliches Japan auf den Inseln Kyushu, Shikoku und Honshu; in 600 bis 800 m in Wäldern mit tiefgründigem Humusboden. Blüte: III–IV. Kultur sehr schwierig.

Fritillaria cirrhosa D. DON.
Heimat: Himalaya ostwärts von Nepal; auf subalpinen und alpinen Wiesen in 3000–4500 m. Blüte: V–VII. Sehr variabel und formenreich. Im westlichen Teil des Verbreitungsgebietes schließt sie sich an die als *F. roylei* HOOKER beschriebenen Formen an. Kultur sehr schwierig.

Fritillaria verticillata WILLD.
Heimat: Zentralasien und China, in Japan an vielen Stellen eingebürgert, wird dort auch als Heilpflanze in Hustenmischungen verwendet. Die hier abgebildete Form ist auch als *F. thunbergii* MIQ. bekannt und wird oft sogar als Arzneipflanze angebaut. Sie stammt mutmaßlich aus dem westlichen China und unterscheidet sich etwas von den Formen aus dem östlichen Areal. Kultur am besten in tiefgründiger Gartenerde.

Fritillaria persica cv **'Adiyaman',** 1/3 nat. Größe, Aufnahme 14. April

Fritillaria persica L. [= *Fritillaria libanotica* (BOISS.) BAKER, *Fritillaria eggeri* BORNM.]
Heimat: Vorderasien von der südlichen Türkei über Syrien, Libanon, Israel, Jordanien, Irak bis zum westlichen Iran; an steinigen, felsigen Hängen, entlang von Feldern oder in Gebüschsäumen in 700 bis 2800 m. Blüte: IV–V. Die Abbildung zeigt die Kulturvarietät 'Adiyman', die vermutlich aus der Südtürkei stammt. Die Unterscheidung von *F. libanotica* und *F. persica* aus dem Sagrosgebirge im Iran ist unklar. Die als *F. arabica* GANDOG. beschriebene Form aus dem östlichen Jordanien fällt durch sehr breite Blätter und verkehrt- eiförmige Perigonblätter auf. Alle Formen erfordern tiefgründigen, guten Gartenboden und sonnige, warme Standorte.

Kaiserkrone (*Fritillaria imperialis* L.)
Heimat: Südöstlicher und westlicher Iran, stellenweise auch in Afghanistan, Pakistan und Kaschmir; auf steinigen Hängen, felsigen Standorten oder Gebüschsäumen in 1000–3000 m. Blüte: IV–V. Gartenkultur in tiefgründigem Boden im Halbschatten unter Laubbäumen oder auch in der Sonne einfach. Die Pflanze wird in Europa schon seit dem 16. Jahrhundert als Zierpflanze verwendet. Am Grunde der Perigonblätter finden sich sehr große Nektartropfen.

Fritillaria eduardii REGEL
Heimat: Zentralasien, besonders in Tadschikistan; in Gebüschen und lockeren Gehölzen oder an steinigen Hängen im Gebirge, meist um 2000 m. Blüte: IV. Steht zwischen *F. imperialis* und *F. raddeana*.

Fritillaria eduardii

Fritillaria eduardii

Fritillaria imperialis, 1/2 nat. Größe, Aufnahme 14. April

1/2 nat. Größe, Aufnahme 14. April

a Fritillaria messanensis ssp. **gracilis** (EBEL) RIX (= *Fritillaria neglecta* PARL.)
Heimat: Südliches Jugoslawien und nördliches Albanien; in steinigen Wäldern und zwischen Kalksteingeröll in 250–2000 m. Blüte: III–VI. Unterscheidet sich von der spp. messanensis durch die kaum würfelscheckigen Perigonblätter und die einzeln, nicht in 3zähligen Wirteln stehenden Blätter. Gartenkultur einfach, am besten trokken und im Halbschatten unter Sträuchern.

b Fritillaria messanensis var. **atlantica** MAIRE (= *Fritillaria oranensis* hort.)
Heimat: Nordafrika; in Zedernwäldern und Gebüsch in 1200–3000 m. Blüte: III–VI. Die in den unteren Höhenlagen vorkommenden Fritillarien Nordafrikas sind kaum vom Typ *F. messanensis* zu trennen, die der höheren subalpinen und alpinen Lagen besitzen kürzere, breitere Blätter und sitzende, gedrungene Blüten. Sie kommen besonders im Atlas vor. Kultur im Zwiebelkasten nicht schwierig.

c, f–h Fritillaria graeca BOISS. & SPURNER ssp. **thessala** (BOISS.) RIX (= *Fritillaria ionica* HALACSY)
Heimat: Südliches Jugoslawien und Albanien bis nach Nordwestgriechenland (Parnass), geht dort allmählich in die ssp. *graeca* über. Blätter in Wirteln zu je 3, meist am oberen Stengelende. Blüten grün. Kultur einfach, am besten im Freiland an einem halbschattigen Standort.

d, e Fritillaria graeca BOISS. & SPURNER ssp. **graeca**
Die hier abgebildeten Formen stammen vom Berg Chelmos/Peloponnes (**d**) und vom Hymettos-Gebirge (**e**) aus Griechenland.

j Fritillaria messanensis RAFIN (= *Fritillaria oranensis* POMEL)
Heimat: Sizilien, Kreta, Italien, Griechenland und Nordafrika; in lichten, immergrünen Eichenbeständen, an Gebüschsäumen und in offenen Kiefernwäldern. Blüte: I–V. Blätter immer ziemlich schmal, nur unterhalb des Blütenstands zu 3 in einem Wirtel. Nektarium sehr groß, 6–10 mm lang, oval. *F. sphaciotica* GANDOG. aus Kreta ist recht ähnlich, aber insgesamt etwas kleiner als die hier abgebildete Form. Kultur im Zwiebelkasten einfach, an günstigen Stellen auch im Freiland möglich.

k Fritillaria pyrenaica L.
Heimat: Nordwestliches Spanien und vor allem in den Pyrenäen; in subalpinen Wiesen in 450–2000 m. Blüte: IV–VI. Unterscheidet sich von ähnlichen Formen durch recht kurze, wechselständige Blätter und sehr dunkle, am Grunde etwas eckige Blüten. Von dieser Art ist ein sehr hübscher, blaßgelber Halb-Albino bekannt, der stellenweise am natürlichen Standort auftritt. Kultur einfach, auch im lichten Rasen.

l Fritillaria pallidiflora SCHRENK
Heimat: Zentralasien, besonders im russisch-chinesischen Bergland, im Alatau und Tienschan; bevorzugt steilere Hänge in subalpinen Lagen. Blüte: V–VI. Typisch: Ziemlich breite, bläulich-grüne Blätter und einheitlich blaßgelbe Blüten. Für die Gartenkultur hervorragend geeignet.

1/2 nat. Größe, Aufnahme 22. April

1/3 nat. Größe, Aufnahme 17. April

a Fritillaria latakiensis RIX
Heimat: Südliche Türkei, Libanon und Syrien; in lichten Gebüschen und offenen Kiefernhainen, bevorzugt bis 1000 m. Blüte: IV. Kultur, auch unter Freilandbedingungen, einfach.

b Fritillaria drenovskii DEGEN & STOYANOFF
Heimat: Balkan von Südbulgarien bis zum nordwestlichen Griechenland; vor allem in Haselgebüsch in 300–1000 m. Blüte: IV–VI. Ähnlich: *F. armena,* deren Blätter jedoch wesentlich schmäler und zudem bläulich-grün sind. Kultur einfach.

c Fritillaria crassifolia BOISS. & HUET. ssp. **crassifolia**
Die hier abgebildete Form stammt vom westlichsten Verbreitungsgebiet, Denizli/Türkei (1750 m).

d Fritillaria acmopetala BOISS. (= *Fritillaria lycia* BOISS.)
Heimat: Südwestliche Türkei entlang der Küste bis Libanon und auf Zypern; in offenen Kiefernbeständen und an Feldern, bis höchstens 2000 m. Blüte: III–V. Kultur auf trockenerem Boden.

e Fritillaria pontica WAHL.
Heimat: Bulgarien, Albanien, Südjugoslawien, Nordgriechenland und nordwestliche Türkei; in Wäldern und Gebüschen in 30–1000 m. Kapseln mit schmalen Flügeln. Kultur auf trockenem Boden.

f Fritillaria gussichiae (DEGEN & DÖRFLER) RIX (= *Fritillaria graeca* var. *gussichiae* DEGEN & DÖRFLER)
Heimat: Südbulgarien, Jugoslawien und Nordgriechenland; in Wäldern, zwischen beschatteten Felsen und auf Bergweiden, meist in 500–1500 m. Blüte: IV–VI. Kräftige Exemplare können bis zu 6 Einzelblüten tragen. Kapseln schmal geflügelt. Kultur auf trockenem Boden.

g Fritillaria whittallii BAKER
Heimat: Südwestliche Türkei; in Kalksteingeröll oder in lichten Zedernbeständen, in 1500–2000 m. Blüte: IV–VI. Oft sind die Blätter etwas schmaler als beim abgebildeten Exemplar. Kultur einfach.

h Fritillaria involucrata ALLIONI
Heimat: Südfrankreich und Nordwestitalien, im Vorland der Seealpen; in Gebüsch und Wäldern bis in 1000 m. Blüte: IV–V. Kultur auf trockenem Boden.

i Fritillaria pyrenaica L.
Die hier abgebildete blaßgelbe Form eignet sich sehr gut für die Gartenkultur.

j Fritillaria olivieri BAKER
Heimat: Nördliches Sagrosgebirge im Iran; in feuchten Auwiesen entlang kleinerer und größerer Fließgewässer in 1800–4000 m. Blüte: V–VI. Wuchshöhe in der Natur bis 40 cm. Blüten meist nicht würfelscheckig.

k Fritillaria grayana RCHB. f. (= *Fritillaria roderickii* KNIGHT, *Fritillaria biflora* var. *ineziana* JEPSON)
Heimat: Kalifornien, besonders in den Gebieten um Mendocino und San Mateo; auf lehmigen Böden in offenen, grasbestandenen Hängen, überwiegend in Küstennähe. Eine der wenigen amerikanischen Arten, die sich auch für eine Gartenkultur eignen.

l Fritillaria pontica var. **substipelata** CANDARGY
Diese Varietät stammt von der Insel Lesbos vor der türkischen Westküste.

1/2 nat. Größe, Aufnahme 2. Mai

1/3 nat. Größe, Aufnahme 17. April

Fritillaria liliacea

Fritillaria purdyi

1/3 nat. Größe, Aufnahme 21. März

a Fritillaria lanceolata PURSH.
Heimat: Westliches Nordamerika von British Columbia südlich bis zum mittleren Kalifornien, ostwärts bis Idaho; in offenem Gebüsch oder zwischen Eichen und Kiefern bis 1000 m. Blüte: II–V. Kultur am besten im Halbschatten in steinigem, trockenem Boden, im Sommer trocken halten.

b Fritillaria gentneri GILKY
Heimat: Oregon, besonders in den Distrikten Jackson und Josephine. Blüte: IV–V. Griffel zur Hälfte geteilt, tiefer als die ähnliche *F. recurva.* Kultur in steinigem, trockenem Boden, Halbschatten, im Sommer trocken halten.

c Fritillaria biflora LINDL. ssp. **agrestis** (GREENE) MACFARLANE (= *Fritillaria agrestis* GREENE)
Heimat: Kalifornien, besonders im Küstengebirge, im Tal des Sacramento und San Joaquin-Tal und in den unteren Lagen der Sierra Nevada; bevorzugt in offenem Grasland. Blüte: II–III. Die abgebildete Pflanze ist vergleichsweise klein. Kultur in trockenem, steinigem Boden, Halbschatten, im Sommer trocken halten.

d Fritillaria liliacea LINDLEY
Heimat: Zentralkalifornien, früher im Gebiet der Bucht von San Francisco weit verbreitet, heute jedoch nahezu ausgerottet; an grasigen Stellen, besonders gern über Serpentinschutt, meist im küstennahen Hügelland. Blüte: III–IV. Blüten blaß cremeweiß mit grünen Nektarien. Blätter glänzen etwas. Wuchshöhe 15–35 cm. Kultur am besten in schwerem Gartenboden im Topf, sollte im Sommer nicht allzu warm stehen. Die Pflanze ist ziemlich frostempfindlich.

Fritillaria pluriflora

Fritillaria recurva

Fritillaria atropurpurea

Fritillaria pluriflora

Fritillaria striata

e **Fritillaria pudica** (PURSH) SPRENGEL
Heimat: Westliches Nordamerika, von British Columbia westwärts bis Wyoming und südlich bis Neu-Mexiko; bevorzugt auf kiesigem bis sandigem Boden in 400–2000 m, besonders im Umkreis abschmelzenden Schnees. Blüte: III–VI. In Blüte und Belaubung *F. minima* oder einigen anderen gelbblütigen Arten Westasiens sehr ähnlich, aber sehr unterschiedlich im Aufbau der Zwiebel, die immer sehr zahlreiche Bulbillen trägt. Kultur nicht einfach.

Fritillaria purdyi EASTWOOD
Heimat: Kalifornien, besonders im Gebiet der Küstengebirge in den Distrikten Humboldt und Napa; auf schwerem, steinigem Boden, besonders gern über Serpentin, in 600–2000 m. Blüte: II–VI. Wuchshöhe 10–40 cm. Gut kenntlich an den grundständigen Blättern, den stark gesprenkelten Perigonblättern und dem geteilten Griffel. Kultur im Topf wurde erfolgreich versucht.

Fritillaria striata EASTWOOD
Heimat: Endemisch in den Bergen des Greenhorn-Gebietes in den Distrikten Kern und Tulane/Kalifornien; auf schwerem Schuttboden um 600 m. Blüte: III. Nahe verwandt mit *F. pluriflora,* Nektarien jedoch elliptisch bis oval, nicht linealisch, und Perigonblätter an den Spitzen etwas aufgebogen. Wuchshöhe 20–40 cm. Kulturbedingungen unklar.

Fritillaria pluriflora TORREY EX BENTH.
Heimat: Nördliches Kalifornien in den Bergen des oberen Sacramento-Tales; auf schwerem Tonboden, der im Winter und Frühjahr sehr naß, im Sommer dagegen extrem trocken ist. Blüte: III. Wuchshöhe bis 40 cm. Blüten zu 1–4, selten bis 12 an einer Pflanze. Nektarien länglich.

Fritillaria recurva BENTH.
Heimat: Südliches Oregon und nördliches Kalifornien, besonders im Bereich der Küstengebirge und des Hügellandes vor der Sierra Nevada; an trockenen Hängen, an Gebüschsäumen und in offenen Gehölzen und Wäldern in 700–2000 m. Blüte: IV–VII. Typisch: Wirtelig gestellte Blätter und scharlachrote, röhrige Blüten, die von Kolibris bestäubt werden. Gartenkultur im Topf oder Kalthaus möglich, sollte während des Sommers trocken gehalten werden.

Fritillaria atropurpurea NUTTALL
Heimat: Westliches Nordamerika von Oregon und Kalifornien ostwärts bis Dakota und Nebraska, südlich bis Neu-Mexiko; in lichtem Gebüsch und in Kiefernbeständen in 1500–3000 m. Blüte: V–VII. Wuchshöhe bis 50 cm. Bis zu 15 Blüten je Pflanze. Sehr formenreich. Kräftige Exemplare werden auch als *F. adamantina* PECK bezeichnet, kleinere dagegen als *F. gracillima* SMILEY. Trotz weiter Verbreitung ist die Gartenkultur sehr schwierig.

1/2 nat. Größe, Aufnahme 17. April

a, b Erythronium revolutum SM.
Heimat: Westliches Nordamerika von der Insel Vancouver südwärts bis zum nördlichen Kalifornien; bevorzugt in immergrünen, küstennahen Wäldern, z. B. auch in den Redwood-Wäldern, besonders auch am Rande von Feuchtgebieten und entlang von Fließgewässern, bis um 1000 m. Blüte: III–VI. Typisch: Rosafarbene Blüten, verdickte Filamente der Staubblätter und gefleckte Blätter. Zwei verschiedenfarbige Formen sind abgebildet. Die sehr kräftig rosafarbenen Exemplare werden als var. *johnsonii* bezeichnet. Wächst am besten in sandigem, etwas torfigem Boden, der im Frühjahr feucht und immer halbschattig sein sollte.

c Erythronium 'Pagoda'
Bastard zwischen *E. tuolumnense* und einer der weißblütigen Arten. Sehr wüchsig und im Halbschatten in Parks und Gärten gut zu kultivieren.

d Erythronium americanum KER-GAWL.
Heimat: Östliches Nordamerika von New Brunswick bis Ontario und Minnesota, südlich bis Long Island, Tennessee, Arkansas und Oklahoma; in humusreichen Wäldern, in Talauen und feuchteren Wiesen. Blüte: III–VI. Typisch: Geringe Wuchshöhe, gefleckte Blätter und gelbe Blüten, die sich nur bei Wärme und Sonnenbestrahlung öffnen. In der Varietät *castaneum* sind die Blüten bräunlich-orange. Kultur am besten in feuchter, sandiger Erde im Halbschatten unter Laubbäumen.

e Erythronium 'White Beauty'
Die abgebildete Pflanze ist wahrscheinlich ein Bastard zwischen zwei nicht näher angebbaren weißblütigen Arten oder ein sehr kräftiges Exemplar von *E. oregonum.* Die Pflanze ist sehr gut wüchsig und kann am besten im Humus unter Laubbäumen kultiviert werden.

Erythronium revolutum SM.
Freilandaufnahme bei Toledo/Oregon im April 1980 (R. MacFarlane).

Erythronium revolutum

Erythronium americanum

1/2 nat. größe, Aufnahme 22. April

Erythronium californicum

Erythronium oregonum

Erythronium montanum

Erythronium hendersonii

a Erythronium californicum PURDY
Heimat: Nördliches Kalifornien; besonders im Gebüsch der Chaparral-Vegetation in Kiefernbeständen und immergrünen Wäldern, meist an nordexponierten Hängen bis 1000 m. Blüte: III–IV. Sehr ähnlich *E. oregonum*, aber mit dünnen, nicht verdickten Antherenfilamenten und meist weißen Antheren. Gartenkultur an schattigen oder halbschattigen Stellen in humosem Boden gut möglich.

b, e, f Erythronium oregonum APPLEG.
Heimat: Insel Vancouver, Oregon und nordwestliches Kalifornien; auf offenen Feldern, in feuchter Walderde oder in immergrünen Mischwäldern bis etwa 200 m. Sehr ähnlich der vorigen Art, jedoch sind die Antherenfilamente am Grund deutlich verbreitert. Die Antheren selbst sind gewöhnlich gelb, bei der ssp. *leucandrum* jedoch weiß, von der hier zwei Formen abgebildet sind. Kultur an schattigen oder halbschattigen Stellen auf humosem Boden einfach.

c Erythronium helenae APPLEG.
Heimat: Nordwestliches Kalifornien im Gebiet des Mt. St. Helens; in Wäldern und Gebüschen von 500–600 m auf feuchtem, vulkanischem Boden. Blüte: III–V. Steht *E. oregonum* sehr nahe, besitzt jedoch sehr schmale oder nur wenig verbreiterte Antherenfilamente. Gartenkultur möglich, bevorzugt relativ trockenen Humusboden.

d Erythronium 'Jeanette Brickell'
Die karminroten Griffel und Antheren legen die Annahme nahe, daß *E. hendersonii* eine der Elternarten war, während als zweite Ausgangsform möglicherweise 'White Beauty' beteiligt wurde. Hybriden zwischen *E. oregonum* und *E. hendersonii* kommen angeblich auch in der Natur im gemeinsamen Verbreitungsgebiet immer wieder vor.

Erythronium hendersonii WATSON
Heimat: Südwestliches Oregon und Nordkalifornien; in sumpfigen Niederungen in Nadelforsten zwischen 400–1500 m. Blüte: IV–VII. Typisch: Dunkelgrüne Blätter, lilarosafarbene Blüten mit purpurnen Antheren und dunkelpurpurnem Blütenmal. Kultur möglich, benötigt einen schattigen, während des Frühjahrs feuchten, im Sommer dagegen ziemlich trockenen Standort.

Erythronium montanum WATSON
Heimat: Westliches Nordamerika von der Insel Vancouver bis zum nördlichen Oregon; bevorzugt in subalpinen und alpinen Gehölzen, daneben aber auch auf Bergwiesen und Matten. Blüte: VI–IX, je nach Lage, meist jedoch in der Nähe abschmelzenden Schnees. Kultur außerordentlich schwierig.

2/3 nat. Größe, Aufnahme 2. April

Erythronium grandiflorum

Erythronium grandiflorum

Erythronium dens-canis

a Erythronium albidum NUTT. var. **mesochorium** (KNERR) RICK.
Heimat: Nordamerika von Iowa und Nebraska bis zu den Südstaaten Missouri, Texas und Oklahoma; bevorzugt in Dikkichten, Wäldern und Wiesengelände. Blüte: III– V. Bei dieser Varietät sind die Blätter ziemlich schmal und gefaltet, die Blüten hellrosa bis bläulich-weiß. Bei der var. *albidum*, die vor allem im nordwestlichen Teil des Verbreitungsgebietes auftritt, sind die Blüten reinweiß und die flachen Blätter gefleckt. In der Kultur schwierig und kaum lohnend.

b Hunds-Zahnlilie (*Erythronium dens-canis* L.)
Heimat: Europa von Spanien und Portugal bis Österreich, Rumänien, Bulgarien und zur Türkei; in sommergrünen Laubwäldern, in Gebüsch und auf Wiesen bis um 1700 m, besonders auf der Alpensüdseite. Blüte: IV–VI. Art und Ausmaß der Blattflecken sehr variabel. Einige in Italien vorkommende Formen haben sehr auffällige Blätter. Im Halbschatten und im lichten Rasen in guter Gartenerde leicht zu kultivieren.

c Erythronium tuolumnense APPLEG.
Heimat: Zentralkalifornien im Gebiet der Sierra Nevada, besonders in den Distrikten Tuolumne und Stanislaus; in offenen Kiefernbeständen und immergrünen Eichenwäldern zwischen 300–600 m. Blüte: III–V. Typisch: Große, flache Blätter und kleine, dunkelgelbe Blüten. Griffel ungeteilt. Kultur am ehesten im Halbschatten in torfigem Boden, vermehrt sich jedoch nicht so rasch wie andere Arten dieser Gattung, z. B. die Varietät 'Pagoda'.

d Erythronium japonicum DCNE.
Heimat: Japan, vor allem auf den Inseln Hokkaido, Honshu und Shikoku; bevorzugt in der Ebene und in der Hügelregion in Wäldern. Blüte: IV. Kultur am besten an schattiger Stelle in torfigem oder humosem Boden. Anfällig für Schneckenfraß.

Erythronium grandiflorum PURSH
Heimat: Westliches Nordamerika vom südlichen British Columbia bis Nordkalifornien, ostwärts bis Alberta, Wyoming und Colorado; in Beifuß-Steppen und Bergwäldern von der Ebene bis zur Baumgrenze. Blüte: III–VIII. Blätter ohne Fleckenzeichnung. Blüten goldgelb, größer als bei *E. tuolumnense.* Antheren weiß, gelb, rot oder purpurn. Narbe gelappt. Kultur nicht einfach, am besten in Boden, der im Frühjahr feucht, im Sommer ziemlich trocken gehalten wird.

1/2 nat. Größe, Aufnahme 22. April

a Trillium erectum L. Einbeerengewächse (*Trilliaceae*)
Heimat: Östliches Nordamerika, von Quebec, Michigan, Ontario bis Pennsylvania, Georgia und Tennessee; in humusreichen Wäldern in oft dichten Beständen. Blüte: IV–VI. Sehr formenreich, neigt zu Mutationen: Grüne, weiß- und gelbblütige Formen sind beschrieben worden. Kultur einfach, am besten in lockerem, humosem Boden im Schatten von Laubbäumen.

b Trillium grandiflorum (MICHX.) SALISB.
Heimat: Östliches Nordamerika, von Maine und Südquebec bis Georgia und Arkansas; in Wäldern und dichten Gebüschen, oft in großen, individuenreichen Beständen, meist auf Kalkuntergrund. Blüte: IV–VI. Sehr formenreich und variabel. In Kultur finden sich verschiedene gefüllte Formen. Perigonblätter verkehrteiförmig bis lanzettlich oder rundlich, selten auch hellrötlich. Im Halbschatten einfach zu kultivieren.

c Trillium ovatum PURSH
Heimat: Westliches Nordamerika von Zentralkalifornien bis British Columbia und Montana; bevorzugt in immergrünen Mischwäldern oder in Redwood-Wäldern. Blüte: II–IV. Nahe verwandt mit *T. grandiflorum* von den östlichen Staaten, doch sind die Blüten meist etwas kleiner mit Perigonblättern von 25–55 mm Länge, die von einer breiten Basis in eine schlanke Spitze auslaufen. Kultur wie bei den übrigen Arten am besten im Halbschatten in guter Gartenerde.

d Trillium rivale WATS.
Heimat: Westliches Nordamerika vom nördlichen Kalifornien (Distrikte Del Norte und Siskiyou) bis zum südwestlichen Oregon; bevorzugt an steinigen, teils felsigen Stellen entlang von Flüssen, beispielsweise auch in Gelbkiefern-Wäldern, bis 400–1200 m. Blüte: III–IV. Gut kenntlich an den langgestielten Laubblättern und Blüten, die zur Zeit der Fruchtreife hängen. Blüten weiß oder rosa. Im Halbschatten oder Schatten ist die Kultur nicht schwierig.

e Trillium undulatum WILLD.
Heimat: Östliches Nordamerika, besonders in Neuschottland, Quebec und Manitoba, südwärts bis Georgia und Tennessee; auf sauren Böden in Wäldern und Heideflächen. Blüte: IV–VI, etwas später als *T. erectum.* Unterscheidet sich von den ähnlichen Formen durch sehr kurzstielige Blätter und weiße, mit Rot gezeichnete Perigonblätter. Die abgebildete Pflanze ist relativ klein. Wuchshöhe meist um 30 cm. Kultur am besten in torfiger, feuchter Erde.

f Trillium sessile L.
Heimat: Östliches Nordamerika von Virginia bis Ohio und Missouri sowie Georgia und Arkansas; besonders in humosen Laubwäldern. Blüte: IV–VI. Gartenkultur im Halbschatten auf gutem Boden einfach.

g Trillium erectum L. f. **albiflorum** R. HOFFM.
Besonders auffällige und formschöne Varietät von *T. erectum.* Die abgebildete Pflanze ist ungewöhnlich klein.

h Trillium luteum (MUHL.) HARBISON.
Ähnlich wie *T. sessile,* jedoch mit gelblichen bis grünlichen Blüten. Diese Art kommt in den Wäldern von Kentucky und Missouri südlich bis Arkansas und Alabama vor.

1/2 nat. Größe, Aufnahme 2. Mai

1/2 nat. Größe, Aufnahme 17. April

a–g Narcissus pseudonarcissus L. Amaryllisgewächse (*Amaryllidaceae*)
a 'Princeps', alte Gartenvarietät
b 'Carlton' (2Y-Y), sehr häufig kultiviert
c 'King Alfred' (1Y-Y), Züchtung aus *Narcissus pseudonarcissus* ssp. *major* (CURTIS) BAKER
d 'Telemoneus Plenus', andere Bezeichnungen 'Van Sion' oder 'Vincent Sion', schon im 17. Jahrhundert bekannte, gefüllte Form
e 'Beersheba', Züchtung durch Selbstung blasser Formen
f 'Emperor', Bastard aus *N. pseudonarcissus* und *N. bicolor*, einer in den Pyrenäen heimischen Form
g *Narcissus × medioluteus* MILLER (= *Narcissus poeticus × Narcissus tazetta*), ähnelt sehr der Varietät 'Cragford'

h Narcissus poeticus 'Actaea'
i *Narcissus* 'Butter and Eggs', auch als *Narcissus × incomparabilis* var. *plenus* oder 'Golden Phoenix', 'Yellow Phoenix', 'Incomparable' bezeichnet; sehr alte, gefüllte Form, die seit dem 17. Jahrhundert angepflanzt wird
j 'Sweetness', Züchtung aus *N. jonquilla* L. und einem unbekannten Elter

k Narcissus tazetta ssp. **italicus** (KER-GAWL.) BAKER [= *Narcissus canaliculatus* hort., *Narcissus tazetta* ssp. *lacticolor* (HAW.) BAKER]; im Mittelmeergebiet heimisch
l 'Dick Wellbrand'
m *Narcissus × incomparabilis* MILLER, hybride Form, durch Kreuzung von *N. pseudonarcissus* und *N. poeticus* entstanden, kommt auch in der Natur überall dort vor, wo die Elternarten gemeinsam vorkommen (z. B. Pyrenäen). In alten Gärten seit langem gepflanzt.
n 'Cheerfulness', gefüllte Form, deren Staubblätter petaloid geworden sind; das übrige Perianth ist völlig normal ausgebildet. Um 1923 zum ersten Mal aufgetreten.

o Narcissus poeticus L. Heimat: Gebirge Mittel- und Südeuropas; in feuchten Wiesen in oft großen Mengen. Blüte: IV–VI. Gartenkultur einfach.

Trillium tschonoskii MAXIM. Einbeerengewächse (*Trilliaceae*)
Heimat: Japan, besonders auf den Inseln Honshu und Shikoku, und Korea; in Bergwäldern. Blüte: IV–VI. Die Perigonblätter sind meist weiß, können jedoch auch, wie bei der f. *violaceum* MAKINO, purpurn oder rosa ausfallen.

Trillium sessile L.
Aufnahme eines Bestandes im Botanischen Garten von Wisley/England.

Paris polyphylla SMITH
Heimat: Afghanistan und Himalaya, von Kaschmir bis nach Zentralchina und Formosa; in Wäldern zwischen 1700–3500 m. Blüte: III–VI. Sehr variabel. Die Früchte platzen auf und zeigen eine sehr auffällige, rote Samenmasse. Gartenkultur einfach.

Trillium sessile

Paris polyphylla

Trillium tschonoskii

3/4 nat. Größe, Aufnahme 25. Februar

a Narcissus hedraeanthus (WEBB & HELD.) COLMEIRO Amaryllisgewächse (*Amaryllidaceae*)
Heimat: Südöstliches Spanien, besonders im Gebiet der Sierra de Cazorla; an steinigen, felsigen Standorten oberhalb 1500 m. Blüte: V, nach der Schneeschmelze. Typisch: Geringe Wuchshöhe, gekrümmter Blütenstiel und lange, aus der Blüte vorschauende Staubblätter. Kultur im Zwiebelkasten oder im Kalthaus nicht schwierig. Eine der typischen kleinen Narzissen-Arten, die für eine Gartenkultur geeignet sind.

b, f Narcissus romieuxii BR. BL. & MAIRE
Heimat: Marokko; in Kiefern- und Eichenbeständen, meist über Kalkstein oder Basalt, in 1700–2000 m. Blüte: I–III. Unterscheidet sich von *N. bulbocodium* durch cremegelbe Blüten und lange Staubblätter, wird aber dennoch mitunter als Unterart dieser Spezies aufgefaßt. Das Nebenperigon ist sehr weit geöffnet. Wegen des frühen Blühtermins Kultur am besten im Zwiebelkasten.

c Narcissus asturiensis (JORDAN) PUGSLEY (= *Narcissus minimus* hort.)
Heimat: Nördliches Portugal, Nord- und Mittelspanien; auf steinigen, felsigen Wiesen und Matten bis 2000 m. Blüte: III–V. Unterscheidet sich von ähnlichen Arten durch sehr kleine, nur 14–25 mm lange Blüten und ein grünliches Hochblatt. Wuchshöhe 7–10 cm. Blüht in Kultur sehr früh, manchmal schon im Januar. Wächst am besten in sandiger, nährstoffreicher Gartenerde. Darf im Sommer nicht austrocknen.

d Narcissus minor L. (= *Narzissus pumilus* PUGSLEY)
Heimat: Pyrenäen und nördliches Spanien; auf Bergwiesen und an Gebüschsäumen, der vorigen Art sehr nahestehend, jedoch höher (8–25 cm) und mit längeren Blüten (25–40 mm). Die hier abgebildete Form beginnt mit der Blüte bereits sehr frühzeitig (XI). Viele Gartenformen wurden von dieser Art abgeleitet.

e Narcissus cantabricus DC. ssp. **monophyllus** (DUR.) A. FERN.
Heimat: Nordmarokko und Algerien; über Kalkgestein in Kiefern- und Eichenbeständen. Unterscheidet sich von der Typform durch weiße Blüten und das einzelne Blatt, das je Zwiebel entwickelt wird. Kultur am besten im Topf oder im Zwiebelkasten. Sollte im Sommer trocken gehalten werden.

g Narcissus bulbocodium L.
Heimat: Algerien, Marokko, Spanien, Portugal und Südwestfrankreich; bevorzugt im Gebüsch, auf felsigem Grund und auf trockenem Moorboden. Blüte: I–VII. Sehr variabel in Größe und Blütenfarbe, von blaß zitronengelb bis goldgelb. Antheren nicht auffallend verlängert. Diese Art eignet sich besonders gut für Gras und Rasen über sandigen Böden. Die abgebildete, sehr früh blühende Form stammt vermutlich aus Marokko.

h Narcissus cantabricus DC.
Heimat: Südspanien und Marokko; in Eichen- und Kiefernbeständen über Kalkgestein. Blüte: II–IV. Unterscheidet sich von der vorigen Art durch weiße oder sehr blaß gelbliche Blüten. Antheren überragen die Nebenkrone nicht. Kultur am besten im Topf, im Zwiebelkasten oder an einer sehr sonnigen, sommertrockenen Stelle im Freiland.

3/4 nat. Größe, Aufnahme 13. Februar

2/3 nat. Größe, Aufnahme 14. April

a Narcissus rupicola Dufour
Heimat: Zentralspanien und Nordportugal; bevorzugt auf steinigen Bergwiesen oder -weiden oder in felsigem Gelände, meist um 2000 m, besonders auf sauren Böden. Blüte: III–V. Wuchshöhe um 10 cm. Kultur im Zwiebelkasten oder im Topf, an trockenen Stellen im Freiland.

b Narcissus cuatrecasasii Casas, Lainz & Rejon [= *Narcissus rupicola* ssp. *pedunculatus* (Cuatrec.) Lainz ex Meikle]
Heimat: Zentralspanien; an steinigen, felsigen, trockenen Stellen des Berglandes, meist über Kalkgestein. Ähnelt der vorigen Art, ist jedoch etwas dunkler. Fruchtknoten lang gestielt (9–12 mm). Kultur im Zwiebelkasten oder Topf, an trockenen Stellen im Freiland.

c Narcissus watieri Maine
Heimat: Marokko; im Bergland des Atlas in Wäldern und an grasbestandenen Stellen zwischen 1800–2600 m. Blüte: V–VI. Kultur im Topf (Kalthaus) nicht schwierig, wächst und vermehrt sich jedoch langsam. Eine weitere nordafrikanische Art dieser Gruppe ist *N. marvieri* Johand. & Maire, die mit ihren blaßgelben Blüten jedoch *N. rupicola* nähersteht.

d Narcissus requienii M. J. Roemer
(= *Narcissus juncifolius* auct.)
Heimat: Südfrankreich, Ost- und Südspanien; an felsigen, steinigen, trockenen Hängen, meist auf Kalkgestein. Blüte: IV. Die abgebildete Pflanze ist etwas größer als gewöhnlich. Blüten zu 1–2 je Stengel. Blätter sehr schmal, nur 1–2 mm breit. *N. jonquilla* L. ist sehr ähnlich, aber in allen Teilen größer; Blätter 3–4 mm breit. Beide Arten duften stark. Kultur an trockenen, sonnigen Stellen einfach.

e Narcissus 'Hawera'
Diese hübsche Gartenform ist ein Bastard zwischen *N. triandrus* und *N. jonquilla* L.

f, g Narcissus triandrus L.
Heimat: Westeuropa von der Bretagne bis Spanien und Portugal; in Gebüsch, an Waldsäumen und felsigen Hängen. Blüte: II–IV. **f** ssp. *pallidulus* (Graells) D. A. Webb [= *Narcissus concolor* (Haw.) Link] mit hellgelben bis cremefarbenen Blüten und Perigonblätter von 10–18 mm Länge, diese ebenso lang wie die Röhre. Vorkommen in Portugal und im südlichen bzw. östlichen Spanien. Die ssp. *triandrus* (= *Narcissus cernuus* Salisb.) **(g)** besitzt weiße bis cremefarbene, recht große Blüten mit Perigonblättern von 15–30 mm Länge und einer großen Nebenkrone. Verbreitet in Nordportugal und -spanien. Beide Arten wachsen in Gartenkultur besonders gern auf sandigen Böden an sonnigen, nicht zu feuchten Stellen.

h Narcissus gaditanus Boiss. & Reut.
Heimat: Südspanien und Südportugal; an Felsen und offenen Hängen. Blüte: III. *N. scaberulus* Henrig. ist recht ähnlich, hat aber zweikielige Blätter und rauhe Blattränder. Kultur im Zwiebelkasten oder Topf, an trockenen Stellen im Freiland.

Narcissus cyclamineus DC.
Heimat: Nordwestportugal und Spanien; auf feuchten Bergweiden und in Auwiesen an Fließgewässern. Blüte: III. Wächst auch in Kultur am besten an Gewässerrändern in feuchtem Sandboden.

Narcissus bulbocodium L.
Freilandaufnahme aus der Sierra de Urbión in Zentralspanien (2000 m), Juni 1967.

Narcissus cyclamineus

Narcissus triandrus

Narcissus bulbocodium

3/4 nat. Größe, Aufnahme 21. März

a Narcissus 'February Silver'
Bastard zwischen *N. cyclamineus* und (mutmaßlich) einer blaßblütigen Form von *N. pseudonarcissus.* Diese Form beginnt auch an günstigen Stellen erst III–IV mit der Blüte.

b Gelbe Narzisse (*Narcissus pseudonarcissus* L.)
Heimat: Westliches Europa von England und den Niederlanden über Belgien, Frankreich, die Schweiz und Spanien bis nach Portugal; in feuchten Wäldern, auf Wiesen und an trockenen Stellen des Gebirges. Blüte: III–V. Blütenfarbe sehr variabel: Neben reinweißen gibt es auch dunkelgelbe Formen. Die „Flora Europaea" teilt diese Art in 7 Unterarten ein. Kulturbedingungen siehe Seite 115. Die Abbildung zeigt ein blaßblütiges Exemplar der ssp. *pseudonarcissus.*

c Narcissus 'Tosca'
Züchtung von A. Gray, die erst 1969 eingeführt wurde.

d Narcissus cyclamineus DC.
Diese Art läßt sich recht leicht mit verschiedenen Formen von *N. pseudonarcissus* kreuzen. Verschiedene Kreuzungen sind unterdessen fester Bestandteil von verschiedenen Narzissensortimenten. Hybriden entstehen auch dort, wo die Elternarten in Gärten oder Parks zusammen wachsen. Von *N. cyclamineus* erben sie meist die Frühblütigkeit, die sehr schlanke Nebenkrone sowie die zurückgeschlagenen Perigonblätter.

e Narcissus 'March Sunshine'
Kreuzung zwischen *N. cyclamineus* und *N. pseudonarcissus.*

f Narcissus 'February Gold'
Kreuzung zwischen *N. cyclamineus* und *N. pseudonarcissus.* Kann im Gewächshaus schon sehr frühzeitig zum Aufblühen gebracht werden, im Freiland meist nicht vor März.

g Narcissus 'Tête à Tête'
Kreuzung zwischen *N. cyclamineus* und *N. tazetta.* Sehr beständige, für die Freilandkultur gut geeignete Form.

h–j Ipheion uniflorum (R. C. Graham) Rafin. (= *Triteleia uniflora*) Liliengewächse (*Liliaceae*)
Heimat: Argentinien und Uruguay, an verschiedenen Standorten sehr weit verbreitet. Die Abbildung zeigt einige verschiedenfarbige Gartenformen: **h** 'Froyle Mill', dunkelblütige Form. **i** 'Wisley Blue', **j** Sehr starkwüchsige, weißblütige Form. Am häufigsten in Kultur ist eine Form, die etwas kleiner ist als 'Wisley Blue' und blaß silbriglilafarbene Blüten trägt. Gartenkultur einfach. Die zerriebene Zwiebel riecht schwach nach Lauch, die Blüte nach Seife.

k Bulbocodium vernum L.
Heimat: Pyrenäen, westliche und zentrale Alpen sowie an einer Stelle in Österreich; in alpinen Matten und Wiesen. Gleicht oberflächlich einer Herbstzeitlosen oder Vertretern der Gattung *Merendera,* doch sind die Griffel nur an der Spitze geteilt. Perigonblätter fallen nach dem Verblühen ab. *B. versicolor* (Ker-Gawl.) Sprengel aus Osteuropa und Westasien hat wesentlich kleinere Blüten und wächst auf trockenen Fluren.

3/4 nat. Größe, Aufnahme 13. März

2/3 nat. Größe, Aufnahme 22. April (Text s. Seite 115)

2/3 nat. Größe, Aufnahme 22. April (Text s. Seite 115)

1/2 nat. Größe, Aufnahme 17. April

Neuere Narzissen-Hybriden
In der Auflistung sind die Sortennamen, der Name des Züchters sowie das Datum der Registrierung genannt. Alle hier gezeigten Formen sind an sonnigen oder halbschattigen Stellen im Garten leicht zu kultivieren. Wichtig ist dabei, daß die Blätter nicht eher entfernt werden, ehe sie sich gelb färben. Damit beginnen sie meist sechs Wochen nach der Blüte. Auch sollten sie nicht zusammengebunden werden. Gelegentliche Düngung auf armen Böden ermöglicht kräftiges Wachstum der Zwiebeln und reiche Blüte im Folgejahr.

Auf Seite 112 und 113 sind abgebildet:

a	'Arctic Gold'	J. L. Richardson 1951
b	'Golden Aura'	J. L. Richardson 1964
c	'Ormeau'	W. J. Dunlop 1949
d	'Langwith'	J. A. Smith1969
e	'Dunmurry'	W. J. Dunlop 1958
f	'Grand Prospect'	J. A. Smith 1974
g	'Irish Ministrel'	J. L. Richardson 1958
h	'Pipe Major'	F. E. Board 1965
i	'Toreador'	J. L. Richardson 1961
j	'Rockall'	J. L. Richardson 1955
k	'Emily'	J. A. Smith 1959
l	'Leonaine'	G. E. Mitsch 1959
m	'Knightwick'	J. L. Richardson 1963
n	'Farnsfield'	J. A. Smith 1979
o	'Rufford'	J. A. Smith 1975
p	'Langford Grove'	J. A. Smith 1979
q	'Jewel Song'	J. L. Richardson 1967
r	'Aircastle'	G. E. Mitsch 1958
s	'Birchill'	J. A. Smith 1974
t	'Suilven'	J. S. B. Lea 1956
u	'Tutanchamun'	J. A. Smith 1972
v	'Vigil'	G. L. Williams1947

Auf Seite 114 und 115 sind abgebildet:

aa	'Devon Loch'	J. L. Richardson 1956
bb	'Patagonia'	J. L. Richardson 1956
cc	'Crocus'	P. D. Williams 1927
dd	'Chester'	Barr & Sons 1945
ee	'Binkie'	W. Wolfhagen 1938
ff	'Golden Ducat'	entstand aus 'King Alfred'
gg	'Polindra'	P. D. Williams 1927
hh	'Salome'	J. L. Richardson 1958
ii	'Spellbinder'	G. L. Wilson 1944
jj	'Brunswick'	P. D. Williams 1931
kk	'Dunlewey'	G. L. Wilson 1934
ll	'Blaris'	G. L. Wilson 1960
mm	'Knowhead'	G. L. Wilson 1954
nn	'Passionale'	G. L. Wilson 1956
oo	'Penrose'	P. D. Williams 1937
pp	'White Lion'	Le Graef-Gerharda 1949

qq, rr Narcissus minor L.
siehe Seite 107

ss Narcissus pseudonarcissus ssp. **moschatus** (L.) Baker
Heimat: Pyrenäen und Kantabrisches Gebirge von Nordspanien; vor allem auf Bergwiesen und in Kiefernwäldern um 1800 m

tt Narcissus pseudonarcissus ssp. **pallidiflorus** (Pugsley) A. Fernan.
Verbreitung und Herkunft wie *N. pseudonarcissus* ssp. *moschatus.*

2/3 nat. Größe, Aufnahme 14. April

Tulipa dasystemon und **Gagea** sp. in den Bergen des Tienschan

Tulipa dasystemon REGEL Liliengewächse (*Liliaceae*)
Heimat: Zentralasien, besonders im Tienschan und Pamir; an steinigen Hängen und auf alpinen Wiesen oberhalb 2000 m. Blüte: V–VI. *T. dasystemonoides* ist ziemlich ähnlich, soll jedoch wollig-filzige Zwiebelschalen besitzen. *T. tarda* STAPF besitzt haarlose, fast glatte Zwiebelschalen. Alle Arten gedeihen in Gartenkultur recht gut in sandigem Boden bei sommerlicher Trokkenheit.

Amana edulis (MIQ.) HONDA (= *Tulipa edulis* (MIQ.) BAKER
Heimat: Japan und China; in Auwiesen entlang von Bächen und Flüssen. Blüte: III–IV. Die Gattung *Amana* steht *Tulipa* recht nahe, hat jedoch einen sehr langen Griffel und ein Paar unscheinbarer Hochblätter unterhalb der Blüte. Die var. *latifolia* MAKINO kommt in den Hügelwäldern der Insel Honshu vor. Gartenkultur an sonnigen, zeitweise trockenen Stellen einfach.

Tulipa heterophylla (REGEL) BAKER
[= *Eduardoregelia heterophylla* (REGEL) M. POPOV]
Heimat: Zentralasien, besonders im Tienschan; auf steinigen Hängen und alpinen Wiesen oberhalb 2500 m. Blüte: VI–VII. Steht systematisch zwischen *Tulipa* und *Amana*, besitzt einen verlängerten Griffel und zwei kleine Hochblätter. Innere Perigonblätter breiter als die äußeren. Gartenkultur etwas problematisch.

Tulipa turkestanica REGEL
Heimat: Zentralasien, besonders im Tienschan und Pamir, und nordwestliches China; an steinigen Hängen, entlang von Fließgewässern und an Felssäumen zwischen 1800–2500 m. Blüte: III–V. *T. bifloriformis* VVED. ist ähnlich, unterscheidet sich angeblich nur durch die filzig-wollige Innenseite der Zwiebelschalen. *T. biflora* ist kleiner und hat einen kahlen Stengel. Gartenkultur nicht schwierig, am besten in einem trockenen Boden an sonniger Stelle, sollte im Sommer ziemlich trocken gehalten werden.

Tulipa turkestanica

Amana edulis, 2/3 nat. Größe, Aufnahme 23. Februar

Tulipa heterophylla

Tulipa dasystemon

1/2 nat. Größe, Aufnahme 2. April

a Tulipa praestans Hoog
Heimat: Zentralasien, besonders in Tadschikistan südlich des Pamir; auf sehr steilen erdigen Hängen und in lichten Gehölzen. Blüte: IV–V. Typisch: Orangerote Perigonblätter, die jedoch kein schwärzliches Saftmal tragen. Stengel behaart. Mitunter bis zu 4 Blüten auf einem Stengel. Die Abbildung zeigt die Kulturvarietät 'Van Tubergens Varietät', die mit ihren orange- bis scharlachroten Blüten besonders auffällt. Kultur einfach. Eignet sich besonders gut für Steingärten.

b Tulipa kolpakowskiana Regel
Heimat: Zentralasien, besonders im nördlichen Tienschan und im südlichen Alatau; an steinigen Hängen und in Gebüsch um 2000 m. Blüte: V. Blütenstiel gekrümmt. Perigonblätter orangegelb, außen rötlich oder grauviolett überlaufen. Gartenkultur an sonnigen Stellen einfach.

c Tulipa turkestanica Regel
Die abgebildete Pflanze (aus einem Handelssortiment) zeigt die dunklen Antheren, die von manchen Autoren als besonderes Kennzeichen von *T. bifloriformis* angesehen werden.

d, e Tulipa humilis Herbert (= *Tulipa pulchella* Fenzel, *Tulipa violacea* Boiss. & Buhse)
Heimat: Östliche Türkei, nördlicher Irak und Nordwestiran; an steinigen Hängen. Blüte: IV–VI. Sehr variabel in der Blütenfarbe, von blassestem Rosa über Karminrot bis Dunkelpurpur. Das zentrale Saftmal kann gelb oder schwarz sein, ebenso die Antheren. Kultur auf etwas trockenerem Substrat, Pflanzen dürfen im Frühjahr nicht zu trocken stehen.

f Tulipa kurdica Wendelbo
Heimat: Nordöstlicher Irak; auf steinigen Hängen in der Nähe schmelzenden Schnees zwischen 2400–3000 m. Blüte: V–VI. Ähnelt *T. humilis,* jedoch mit leuchtend roten bis ziegelroten Perigonblättern. Typisch: Kleines basales Saftmal. Die Abbildung zeigt die Entwicklung einer neuen, aber tieferreichenden Zwiebel, ein bei Tulpen immer dann einsetzender Vorgang, wenn sie zu dicht beieinander gepflanzt wurden. Kultur auf trockenem Substrat, Pflanzen dürfen im Frühjahr nicht zu trocken stehen.

g Tulipa kaufmanniana Regel
Heimat: Zentralasien, besonders im westlichen Tienschan östlich von Taschkent; auf steinigen Hängen im Bergland. Blüte: IV–V.

h Tulipa biflora Pallas (= *Tulipa polychroma* Stapf)
Heimat: Südöstliche UdSSR, Krim, Südjugoslawien, Kaukasus, östliche Türkei, Iran, Afghanistan und Sibirien; vor allem in Steppengebieten oder an steinigen Hängen. Blüte: IV–V. Der *T. turkestanica* recht ähnlich, gewöhnlich aber kleiner und meist mit kahlem, unbehaartem Stengel. Diese Art ist mutmaßlich diploid, während *T. turkestanica* als tetraploid gilt. Gartenkultur an trockenen, sonnigen Stellen unproblematisch. Die Pflanzen müssen besonders im Sommer sehr trocken stehen.

1/2 nat. Größe, Aufnahme 28. März

Tulpen im Chimgan-Tal (Uzbekistan)

Tulipa dubia

Tulipa kolpakowskiana

Tulipa ferganica

Tulipa kaufmanniana

Tulipa tschimganica

Tulipa tschimganica Z. Botsch.
Heimat: Zentralasien, besonders im Chimgan-Tal nordöstlich von Taschkent; an steinigen Stellen um 2000 m. Blüte: V. Typisch: Gelbe Blüten mit auffälligem rotem Saftmal, dieses sehr variabel, kann nahezu fehlen oder die gesamte Innenseite eines Perigonblattes einnehmen. *T. dubia, T. kaufmanniana* und *T. greigii* kommen an den gleichen Stellen vor. Zwischenformen sind in der Natur am gemeinsamen Standort bekannt. Die vorliegende Pflanze ist möglicherweise durch Hybridisierung entstanden.

Tulipa dubia Vved.
Heimat: Zentralasien, besonders im westlichen Tienschan; an erdigen oder steinigen Hängen oberhalb 1800 m. Blüte: V–VI. Laubblätter 2–4, meist ausgebreitet und mit gewellten Rändern. Blüten gelb, außen etwas violett-rötlich. Zwiebelschalen papiertrocken und häutig, auf der Innenseite wollig behaart.

Tulipa kolpakowskiana Regel
Laut Literatur soll diese Art mit der rotblühenden *T. ostrovskiana* am gemeinsamen Standort häufig hybridisieren. An der Stelle, an der die Freilandaufnahme entstand (Medeo/Alma Ata, 1800 m, Mai 1980), fanden sich jedoch die typischen gelbblütigen Vertreter der Art.

Tulipa kaufmanniana Regel
Besonders typisch für diese Art sind die Antheren, die sich beim Öffnen spiralig aufrollen. In der Natur kommen Hybriden mit *T. greigii, T. dubia* und *T. tschimganica* nicht selten vor. Unter Kulturbedingungen wurden viele Farbvarietäten erhalten, die von rot, rosa, gelb bis weiß und Kombinationen aus diesen Farbstellungen reichen. Gartenkultur in sandigen, nicht allzu feuchten Böden; besonders im Sommer ist Trockenheit erforderlich.

Tulipa ferganica Vved.
Heimat: Zentralasien, vor allem in den Gebieten Ferghana und Tschatkal, wächst dort auf steinigen Hängen um 1800 m. Blüte: IV–V. Sehr nahe verwandt mit *T. dubia,* unterscheidet sich jedoch durch dunkle, fast lederige Zwiebelschalen, die auf der Innenseite nur wenig behaart sind.

1/2 nat. Größe, Aufnahme 14. April

a Tulipa sosnowskyi ACHVERD. & MIRZOEVA
Heimat: Armenien/UdSSR; an offenen, steinigen Hängen im Hügel- und Bergland. Blüte: V. Meist pro Zwiebel mehr als eine Blüte. Typisch: Schmal zulaufende Perigonblätter mit dunklem Saftmal an der Basis und graurötlicher Zeichnung in der Mitte. Wuchshöhe bis 35 cm. Kultur an sonnigen, nicht allzu feuchten Stellen einfach, im Sommer trocken halten.

b Wilde Tulpe (*Tulipa sylvestris* L. ssp. *sylvestris*)
Heimat: Europa, ursprünglich nur im Mittelmeergebiet, an vielen anderen Stellen jedoch eingebürgert. Blüte: IV–V. Unterscheidet sich von ssp. *australis* durch dickere Stengel (mehr als 2,5 mm dick), größere Blüten (länger als 35 mm) und grünliche, nicht rötliche Außenseite der Perigonblätter. Grundblätter 1–2 cm breit. Kultur einfach. Die hier gezeigte Unterart ist triploid oder tetraploid, während die ssp. *australis* diploid ist.

c Tulipa fosterana IRV.
Heimat: Zentralasien; in tiefgründigem Boden zwischen Kalkgestein um 1700 m. Blüte: IV. Typisch: Glänzend grüne Laubblätter und große rote Blüten, die sich in der Sonne weit öffnen. Perigonblätter bis 12 cm lang, an den Vorderenden gerundet. Zahlreiche Gartenformen und Hybriden. Die Abbildung zeigt die Varietät 'Cantata'. (Wildpflanze Seite 125). Kultur an sonnigen, nicht allzu feuchten Stellen, im Sommer trocken halten.

d Tulipa cretica BOISS. & HELD.
Heimat: Kreta endemisch; besonders im Bergland in lockerem Gebüsch und an Gehölzsäumen. Blüte: IV. Blüten blaßrosa oder weißlich. Laubblätter gewöhnlich nur 2, glänzend grün. Vermehrung hauptsächlich durch Ausläufer. Zwiebelschale auf der Innenseite spärlich behaart, lederig. Kultur nicht einfach, am ehesten im Zwiebelkasten oder an steinigen, trockenen Stellen im Freiland.

e Tulipa praestans HOOG cv. **'Fusilier'**
Gartenform mit graugrünen, behaarten Blättern und bis zu 5 Einzelblüten je Stengel. Kultur an sonnigen, nicht allzu feuchten Stellen, im Sommer trocken halten.

f Tulipa batalinii REGEL
Diese blaßgelbe Pflanze wird auch als eine Varietät von *T. maximoviczii* angesehen. Zwischenformen mit verschiedenen Tönen von bronzerot oder dunkelgelb werden in Kulturen häufig gefunden. Wuchshöhe um 30 cm.

g Tulipa maximoviczii REGEL
Heimat: Zentralasien; auf trockenen, steinigen Hängen. Blüte: IV–VI. Sehr ähnlich *T. linifolia* REGEL, die an der Basis jedes Perigonblattes ein auffallendes, schwarzes Saftmal trägt. Kultur an sonnigen, nicht allzu feuchten Stellen, im Sommer trocken halten.

h, i Tulipa julia C. KOCH
Heimat: Östliche Türkei, westlicher Iran und südliches Transkaukasien; auf steinigen meist trockenen Hängen. Blüte: IV–VI. Zwiebelschalen auf der Innenseite sehr schuppig zerfetzt. Laubblätter auffallend schmal. Äußere Perigonblätter länger als innere. Kultur an sonnigen, nicht allzu feuchten Stellen, im Sommer trocken halten.

1/2 nat. Größe, Aufnahme 28. April

1/2 nat. Größe, Aufnahme 22. April

Tulipa humilis

Tulipa praestans

Tulipa fosterana

Tulipa hoogiana

Tulipa systola

a Tulipa greigii REGEL
Heimat: Zentralasien; an erdigen, meist steilen Hängen. Blüte: IV. Blüten orangerot oder gelb; Perigonblätter 3–10 cm lang. Blätter immer mit purpurner Strich- und Fleckenzeichnung. Die hier gezeigte Kulturvarietät 'Rotkäppchen' ist eine der zahlreichen bekannten Gartenformen. Zwiebeln im Sommer trocken halten oder ausgraben.

b Tulipa vvedenskyi Z. BOTSCH.
Heimat: Zentralasien. Blüte: VI. Typisch: Große orangerote Blüten mit gelbem Saftmal, recht schmale, bläulich-grüne Blätter. Zwiebeln im Sommer trocken halten oder ausgraben.

c Tulipa primulina BAKER
Heimat: Nordwestalgerien, im Bergland. Diese Form ähnelt *T. sylvestris* ssp. *australis*, blüht jedoch immer weiß. Gartenkultur nicht schwierig.

d Tulipa orphanidea BOISS. EX HELD.
(= *Tulipa whittallii* A. D. HALL, *Tulipa hageri* HELD.)
Heimat: Balkan, Kreta und westliche Türkei; an und auf Feldern und an steinigen Stellen. Blüte: IV. Für die Freilandkultur besonders gut geeignet.

e Tulipa urumiensis STAPF.
Heimat: Vermutlich Westiran, in Natur (heute) jedoch nicht mehr bekannt. Sehr häufig in Sammlungen und Gartenkulturen. Kleinwüchsig, mit zahlreichen Blüten.

f Tulipa sylvestris ssp. **australis** (LINK) PAMP.
Heimat: Südliches Europa, Kaukasus, westlicher Iran und Nordafrika; bevorzugt an steinigen Hängen, an Gebüschsäumen und auf Bergwiesen. Blüte: IV–V.

g Tulipa armena BOISS. var. **armena**
Heimat: Nordöstliche Türkei und nordwestlicher Iran; an steinigen Hängen im Bergland zwischen 1300–2800 m. Blüte: IV–VI. Blüten manchmal gelblich. Zwiebelschalen mit langen, seidigen Haaren.

h Tulipa confusa GABRIELIAN
Heimat: Armenien; in den weiten Steppengebieten bis um 1500 m. Blüte: V. Zwiebeln im Sommer trocken halten oder ausgraben.

Tulipa systola STAPF.
Heimat: Nördlicher Irak und westlicher Iran; an oder auf Feldern und an steinigen Stellen zwischen 200–3000 m. Blüte: III–IV. Perigonblätter immer spitz zulaufend. Blätter mit gewellten Rändern. Zwiebelschalen sehr wollig.

Tulipa fosterana IRV.
Freilandaufnahme in Zentralasien.

Tulipa praestans HOOG
Freilandaufnahme in Tadschikistan, s. Seite 123.

Tulipa humilis HERBERT
Freilandaufnahme in der südöstlichen Türkei, s. Seite 119.

Tulipa hoogiana B. FEDTSCH.
Heimat: Zentralasien; an steinigen, trockeneren Hängen. Blüte: IV–V. Blätter bläulich-grün. Perigonblätter mit schwarzem, gelb berandetem Saftmal.

1/2 nat. Größe, Aufnahme 17. April

a Tulipa tarda STAPF
Heimat: Zentralasien, besonders im Tienschan; an steinigen, offenen, meist trockenen Hängen. Blüte: IV–V. Blüten zu 1–8. Zwiebelschalen kahl und unbehaart. Gartenkultur in trockenem, nährstoffreichem Boden bei sommerlicher Trockenheit möglich. Kann auch ausgegraben und geschützt aufbewahrt werden.

b Tulipa eichleri REGEL
Heimat: Südwestliches Transkaukasien und nordwestlicher Iran; an trockenen Hängen, Säumen, Feldrändern und Gebüschen. Blüte: IV–VI. Zwiebelschalen lederig-derb, auf der Innenseite behaart. Perigonblätter am Grunde mit kleinem schwarzem Saftmal, dieses gelb umrandet, bis 7 cm lang. Blätter bläulichgrün, nicht streifig. Kultur im Freiland an sonnigen, trockenen Stellen.

c Tulipa saxatilis SIEBER (= *Tulipa bakeri* A. D. HALL)
Heimat: Kreta; auf steinigen Feldern oder in Felsfluren. Blüte: IV. Sieht aus wie ein sehr großes Exemplar von *T. cretica*. Vermehrung durch Ausläufer, manchmal etwas blühgestört. Kultur nur an recht trockenen, sehr sonnigen und warmen Stellen möglich. Die glänzend grünen Blätter erscheinen schon im zeitigen Frühjahr. Die als *T. bakeri* beschriebene Pflanze zeigt gewöhnlich dunklere Blüten.

d Tulipa aucheriana BAKER
Heimat: Westlicher Iran, aber fast nur noch aus Kulturen bekannt. Nahe verwandt mit *T. humilis*, jedoch mit kleineren, eher sternförmigen Blüten, diese rosa mit gelblichem Saftmal. Gartenkultur an trockeneren Stellen ziemlich einfach.

Gartenformen:

e 'Pink Beauty', Züchtung durch BAARS & DIBBITS 1889.
f 'Big Chief', Züchtung durch A. FRILINCK & SONS 1959.
g 'Gudoshnik', Züchtung durch D. W. LEFEBER & CO. 1952.
h 'Apeldoorn', Züchtung durch D. W. LEFEBER & CO. 1951.
i 'Diana', Züchtung durch A. VAN DEN BERG GZN. 1909.
j 'Mr van der Hoef', trat spontan als Spielart von 'Murillo' um die Jahrhundertwende auf.

1/2 nat. Größe, Aufnahme 17. April

1/2 nat. Größe, Aufnahme 2. Mai

Gartenformen der Tulpe:

a 'Maureen', Züchtung durch SEGERS BROS. 1950
b 'Big Chief', Züchtung durch A. FRIJLINK & SONS 1959.
c 'Purple Star', Züchtung durch S. J. ZANDVOORT 1952.
d 'Kansas', Züchtung durch ZOCHER & CO. vor 1930.
e 'Lefebers Favourite', Züchtung durch D. W. LEFEBER & CO. 1942.
f 'Aristocrat', Züchtung durch SEGERS BROS. 1935.
g 'Oranjezon', Züchtung durch C. V. HYBRIDA 1947.
h 'La Tulipe Noir', Züchtung durch E. H. KRELAGE 1891.
i 'Coplands Magenta', Züchtung durch E. H. KRELAGE 1891 auf der Grundlage von 'William Copland'.
j 'White Triumphator', Züchtung durch VAN TUBERGEN 1942.
k 'West Point', Züchtung durch DE MOEL-NIEUWENHUIS 1943.
l 'Apeldoorn', Züchtung D. W. LEFEBER & CO. 1951.
m 'Bellona', Züchtung durch H. DE GRAAF & SONS 1944.
n 'Vuurbaak', Züchtung durch C. ALKEMADE AZN. 1980.
o 'Van der Neer', Züchtung durch G. LEEMBRUGGEN 1860.
p 'Marechal Neil', Züchtung auf der Grundlage von 'Murillo' um 1930.

1/2 nat. Größe, Aufnahme 28. April

1/2 nat. Größe, Aufnahme 2. Mai

Gartenformen der Tulpe:

a 'May Wonder', Züchtung durch C. V. Hybrida 1951.
b 'Eros', Züchtung durch Zocher & Co. 1937.
c 'Ibis', spontan entstanden aus 'White Hawk' 1910.
d 'Keizerskroon', Züchtung unbekannt, etwa 1750.
e 'Garden Party', Züchtung durch P. Hopman & Sons 1944.
f 'Mount Tacoma', Züchtung durch P. Mooy vor 1926.
g 'Rosy Dawn', Züchtung durch de Graaf Bros. 1946.
h 'Ossi Oswalda', Züchtung durch J. J. Grullemans & Sons, vor 1939.
i 'K. & M. Triumph', geflammte Form der roteinfarbigen Varietät 'Triumph'. Züchtungsjahr unbekannt.
j 'Gudoshnik', Züchtung durch D. W. Lefeber & Co. 1952. Die Originalform ist gelb, dabei aber rot gefleckt und geflammt. Die hier abgebildete Form zeigt mehr Rottöne als normal.
k 'Dreaming Maid', geflammte Form der violett-weißen, weißrandigen Varietät 'Triumph' (vgl. Seite 109).
l 'Artist', Züchtung durch Captain Bros. 1947.
m 'Van der Neer', geflammte Form des purpurnen Originals (vgl. Seite 106).
n 'Prins Carnaval', entstand um 1930 aus der Varietät 'Prince of Austria' (vgl. Seite 109).
o 'Garden Party', weiße Varietät der Gartenform 'Triumph' (vgl. Seite 110).

Das „Aufbrechen" der einheitlichen Perigonblattfärbung in das geflammte Muster wird durch eine Virusinfektion der Pflanzen hervorgerufen, die durch Blattläuse übertragen werden kann. Aus diesem Grund sollten die hier dargestellten Formen mit Flammenmusterung immer getrennt von anderen Tulpen-Gartenformen gepflanzt werden. Das spontane Auftreten von „Spielarten" ist eine immer wieder beobachtete Erscheinung, die Ausgangspunkt vieler interessanter Neu- und Weiterzüchtungen wurde.

1/2 nat. Größe, Aufnahme 2. Mai

1/2 nat. Größe, Aufnahme 2. Mai

Gartenformen der Tulpe:

a 'Dreaming Maid', Züchtung durch J. J. KERBERT 1934.
b 'Flying Dutchman', Züchtung WAMAAR & Co. 1956.
c 'Orange Wonder', Züchtung durch A. SABELIS 1940.
d 'Clara Butt', Züchtung durch E. H. KRELAGE & SON 1889.
e 'Rosy Wings', Züchtung durch VAN TUBERGEN 1944.
f 'Mrs. John T. Scheepers', Züchtung durch VAN TUBERGEN vor 1930.
g 'Prince of Austria', Züchter nicht bekannt, etwa 1860.
h 'Couleur Cardinal', Züchter nicht bekannt, etwa 1845.
i 'China Pink', Züchtung durch DE MOL-NIEUWENHUIS 1944.
j 'Blue Parrot', Spielart der 'Bleu Aimable', vor 1935.
k 'Fantasy', Spielart der 'Clara Butt', 1910.
l 'Firebird', Spielart der 'Fantasy', vor 1939.

m **Narcissus poeticus** L var. **recurvus** (HAW.) A. FERNAN. Amaryllisgewächse (*Amaryllidaceae*)
Sehr alte Gartenvarietät der Weißen Narzisse (*Narcissus poeticus*), die sich durch späte Blüte auszeichnet und erst dann beginnt, wenn alle anderen Narzissen bereits verblüht sind. Blüten duften sehr stark. Kultur einfach.

1/3 nat. Größe, Aufnahme 6. Mai

1/2 nat. Größe, Aufnahme 29. Mai

a Zigadenus micranthus Eastwood
Heimat: Nördliches Kalifornien und Oregon; an trockenen Hängen und Talwänden unterhalb 1000 m. Blüte: V–VI. Perigonblätter 4–5 mm lang, ungefähr gleich lang mit den Staubblättern. Kultur an sonnigen Stellen im Garten.

b Tulipa sprengeri Baker
Heimat: Nordwestliche Türkei nahe Amasya, in Natur nicht (mehr) bekannt, häufig in Gärten und Sammlungen. Blüht sehr spät. Wuchshöhe um 35–40 cm. Kultur an sonnigen Stellen, auch im lichten Gras unter Bäumen, auch aus Samen leicht zu ziehen.

c Pancratium illyricum L. Amaryllisgewächse (*Amaryllidaceae*)
Heimat: Korsika, Sardinien, Capri und benachbarte Inseln; auf Felsen in Meeresnähe. Blüte: V. Sehr große Zwiebel mit schwarzen Schalen. Nur an sehr geschützten Stellen im Freiland zu kultivieren. Vermehrt sich sehr langsam.

d Calochortus nuttallii Torr. Liliengewächse (*Liliaceae*)
Heimat: Östliches Kalifornien, Oregon, Montana, Colorado und Neu-Mexiko; an trockenen Hängen in Trockenrasen und Gebüsch zwischen 1500–2800 m. Blüte: V–VIII. Blütenfarbe weißlich oder tiefgelb mit allen Zwischenstufen. Kultur möglich, am besten bei sommerlicher Trockenheit.

e Brimeura amethystina (L.) Chouard (= *Hyacinthus amethystinus* L.)
Heimat: Pyrenäen, Nordwestspanien und nordwestliches Jugoslawien; meist über Kalkgestein in Bergwiesen und -weiden. Blüte: V–VI. Blütenfarbe variiert zwischen weiß bis dunkelblau oder violett. Kultur an sonnigen Stellen im Garten.

f Calochortus pulchellus Dougl. ex Benth.
Heimat: Zentrales Kalifornien; ziemlich häufig an den Säumen von Gebüschen oder Kiefern-/Eichengehölzen oberhalb 200 m. Blüte: IV–VI. Wächst am besten in kiesigem Boden in der Sonne oder im Halbschatten.

g Calochortus amoenus Greene
Heimat: Zentrales und südliches Kalifornien; bevorzugt auf Lehmböden im Halbschatten oder an trockenen Hängen zwischen 500–1400 m. Blüte: IV–VI. Kultur in kiesigem Boden in der Sonne oder im Halbschatten.

h Calochortus albus Dougl. ex Benth.
Heimat: Zentrales Kalifornien; an schattigen Stellen auf steinigem Grund in immergrünen Kiefern-/Eichenbeständen sowie im Chaparral, meist unterhalb 1500 m. Kultur in kiesigem Boden in der Sonne oder im Halbschatten.

i Calochortus caeruleus (Kell.) Watson (= *Calochortus maweanus*)
Heimat: Nördliches Kalifornien und westliche Sierra Nevada; an offenen, steinigen Stellen im Bergland, mitunter auch in Kiefernwäldern zwischen 1100–2200 m. Blüte: V–VII. Kultur in kiesigem Boden in der Sonne oder im Halbschatten.

j Calochortus monophyllus (Lindl.) Lem.
Heimat: Vorland der Sierras im nördlichen Kalifornien; bevorzugt an bewaldeten Hängen von 400–1100 m. Blüte: IV–V.

Hyacinthella dalmatica (Baker) Chouard
Heimat: Westliches Jugoslawien; bevorzugt an offenen, trockenen Stellen über Kalkgestein. Kultur an sonnigen Stellen im Garten.

1/2 nat. Größe, Aufnahme 28. April

Calochortus albus

Hyacinthella dalmatica

1/2 nat. Größe, Aufnahme 6. Juni

Calochortus luteus

Calochortus venustus

Calochortus kennedyi

Calochortus amabilis

a Triteleia ixioides (AIT.) GREENE [= *Brodiaea lutea* (LINDL.) MORT.]
Heimat: Zentrales Kalifornien; in sandigem Boden in Kiefern- und Kiefern-/Eichenwäldern bis um 1500 m. Blüte: V–VIII. Die Staubblätter tragen an jeder Seite der Antheren einen langen Zahn. Dieses Merkmal trennt diese Art von *T. crocea* und *Bloomeria crocea*. Kultur im Zwiebelkasten oder an sehr warmen Stellen im Freiland.

b, c Calochortus venustus DOUGL. ex BENTH.
Heimat: Südliches und zentrales Kalifornien; bevorzugt in Trockenrasen und in offenen Kiefern-/Eichenbeständen in sandigen Böden, gewöhnlich in verwittertem Granit. Blüte: V–VII. Blütenfarbe zwischen weiß und gelb, rosa, dunkelrot oder purpurn. Kultur in trockenem, sandigem Boden. Im Winter sehr trocken halten, dann bis zum Blühbeginn wässern.

d Calochortus luteus DOUGL. ex LINDL.
Heimat: Zentrales Kalifornien in der Sierra Nevada und den Küstengebirgen; auf schweren Böden in Trockenrasen, Kiefernwäldern und gemischten Laub-/Nadelholzbeständen, meist unter 650 m. Blüte: IV–VI. Nahe verwandt mit *C. venustus*, jedoch immer deutlich gelb ausgefärbt. Nektarien gekrümmt. Kultur in trockenem, sandigem Boden; im Winter trocken halten, dann bis zum Blühbeginn wässern.

e Dichelostemma ida-maia (WOOD) GREENE [= *Brodiaea ida-maia* (WOOD) GREENE]
Heimat: Nördliches Kalifornien und Oregon; im Redwood-Wald, in gemischten Gehölzen und an Lichtungen zwischen 300–1200 m. Blüte: V–VII. Zur Blütezeit sind die Laubblätter meist schon verwelkt; gewöhnlich zu 3, 30–50 cm lang und 4–8 mm breit. Blütenstiel bis 90 cm hoch. Kultur im Topf (Kalthaus); im Freiland nur an sehr geschützten Stellen.

f Triteleia hyacinthina (LINDL.) GREENE
Heimat: Nördliches Kalifornien, an feuchten Stellen in Quellfluren und Wiesen bis 1800 m. Blüte: V–VIII. Großblütige Formen meist an nassen Standorten, an trockeneren Stellen eher kleinblütig bleibend. Kultur im Topf (Kalthaus); im Freiland nur an sehr geschützten Stellen.

g Allium caeruleum PALLAS (= *Allium azureum* LEDEB.)
Heimat: Osteuropa bis in die Steppengebiete nördlich des Kaspischen Meeres und Zentralasien bis Tienschan und Pamir; überwiegend in Steppen und Salzmarschen. Blüte: V–VII. Die Blätter sind zur Blütezeit meist schon verwelkt, im Querschnitt dreieckig. An trockenen Stellen einfach zu kultivieren.

Calochortus amabilis PURDY
Heimat: Nordwestliches Kalifornien; in lehmigem oder steinigem Boden an trockenen Hängen oder im Chaparral bzw. in immergrünem Gehölz bis zu 1000 m. Blüte: IV–VII.

Calochortus kennedyi PORTER
Heimat: Südliches Kalifornien; auf schwerem Boden in den Ebenen oder an trockenen, gebüschbestandenen Hängen bis 600–2000 m. Blüte: IV–VII. Blütenfarbe variabel, gewöhnlich scharlachrot, jedoch orangerot in der Mojave-Wüste und gelb in großen Höhen. Kultur bisher noch nicht erfolgreich.

1/2 nat. Größe, Aufnahme 2. Mai

a Allium circinatum Sieber
Heimat: Auf Kreta endemisch; an trockenen, steinigen Hängen. Blüte: III–IV. Blätter meist gerollt, auf der Innenseite mit langen seidigen Haaren. Stengel behaart. Gartenkultur nicht einfach, am besten bei sommerlicher Trockenheit.

b Allium neapolitanum Cyr.
Heimat: Mittelmeergebiet; in Trockenrasen und auf Feldern. Blüte: III–V. Antheren sehr dunkel, Filamente abgeflacht. Frostempfindlich, Freilandkultur nur an warmen, geschützten Stellen.

c Bären-Lauch (*Allium ursinum* L.)
Heimat: Fast überall in Europa; in feuchten, halbschattigen Wäldern. Gewöhnlich sehr gesellig. Blüte: IV–VI.

d Allium trifoliatum Cyr.
Heimat: Mittelmeergebiet von Südfrankreich bis Israel, auf Kreta und Sizilien, an steinigen, trockenen Hängen. Blüte: IV–V. Ähnelt *A. subhirsutum*, jedoch sind die Blüten leicht rosa, die Antheren gelb, die Blütenstielchen 15–20 mm lang. Bildet meist dichte, horstige Bestände.

e Allium roseum L.
Heimat: Mittelmeergebiet; an felsigen, trockenen Standorten, in offenen Gehölzen oder auf Kulturland. Blüte: IV–V. Zwiebelschalen sehr hart und brüchig. Blätter 1–14 mm breit. Einige Formen tragen Bulbillen im Blütenstand. Freilandkultur nur an warmen, geschützten Stellen; frostempfindlich.

f Allium zebdanense Boiss. & Noe.
Heimat: Östliches Mittelmeergebiet; im Bergland an trockenen, warmen Hängen. Blüte: V–VI. Einzelblüten ziemlich kurz gestielt. Staubblätter am Grunde verbreitert. Laubblätter kahl. Freilandkultur nur an warmen, geschützten Stellen; frostempfindlich.

g Allium triquetrum L.
Heimat: Westliches Mittelmeergebiet; stellenweise in Großbritannien eingebürgert; an feuchteren, meist auch schattigen Stellen, oft an Gewässern. Stengel im Querschnitt dreikantig. Auch an kühleren Standorten einfach zu kultivieren.

h Leucojum nicaense Ardoino Amaryllisgewächse (*Amaryllidaceae*)
Heimat: Südliche Provence. Kultur recht schwierig, am besten über Saatgut.

i Notholirion thomsonianum (Royle) Stapf Liliengewächse (*Liliaceae*)
Heimat: Westlicher Himalaya; in Gebüsch und an steinigen Stellen zwischen 1600 bis 2300 m. Blüte: III–IV. Kultur in trockenem, aber nährstoffreichem Boden, im Sommer sehr trocken halten.

j Tulipa clusiana DC.
Heimat: Asien vom Iran ostwärts bis zum Himalaya und nach Tibet, in Südeuropa vielfach eingebürgert; an steinigen Hängen in Trockenrasen und Felsfluren. Blüte: IV–VI. Blütengrundfarbe meist weißlich, äußere Perigonblätter leicht rosa. Die Abbildung zeigt die Kulturvarietät 'Cynthia'.

k Ixiolirion tartaricum (Pall.) Herbert (= *Ixiolirion pallasii* Fisch. & Meyer) Amaryllisgewächse (*Amaryllidaceae*)
Heimat: Westasien; meist auf Feldern und an Hängen zwischen 200–2700 m. Blüte IV–VI. Benötigt in der Kultur sehr heiße, trockene Sommer.

l Allium longisepalum Bertol. Liliengewächse (*Liliaceae*) S. Seite 147 e.

1/2 nat. Größe, Aufnahme 2. Mai

1/3 nat. Größe, Aufnahme 6. Mai

Allium karataviense

Allium protensum

Allium akaka

Allium sphaerocephalon

a **Allium kharputense** Freyn & Sint.
Heimat: Türkei und westlicher Iran; an steinigen Hängen zwischen 1500–2500 m. Typisch: Gerundete Perigonblätter und sehr dunkle Fruchtknoten. Wuchshöhe um 25 cm.

b **Allium hirtifolium** Stapf
Heimat: Sagrosgebirge im westlichen und südwestlichen Iran; an steinigen, felsigen Hängen bis 3200 m. Wuchshöhe bis 150 cm. Blätter unterseits behaart. Ähnelt sehr *A. stipitatum* Regel aus Afghanistan und Zentralasien, hat jedoch drehrunde, nicht gerippte Blütenstengel und weniger spitz zulaufende Blätter. Gartenkultur auch im Freiland möglich.

c **Allium breviscapum** Stapf
Heimat: Iran, offenbar auf die Gegend um Isfahan beschränkt. Unterscheidet sich von *A. akaka* durch die schmaleren Blätter, diese zu 4–6 und unterseits behaart. Kultur im Zwiebelkasten einfach.

d **Allium ellisii** Hooker
Heimat: Iran, besonders im Elburs-Gebirge. Typisch: Breite Blätter mit sehr rauhen Rändern und recht kurzer Blütenstandsschaft. Die sternförmigen Blüten ähneln *A. christophii.* Kultur im Zwiebelkasten einfach.

e **Allium akaka** Gmelin (= *Allium latifolium* Jaub. & Spach.)
Heimat: Östliche Türkei, Transkaukasien, nordwestlicher Iran und Nordirak; im Gebirge in 1600–3000 m auf steinigen, kiesigen, meist sehr lockeren Böden. Blüte: VI–VIII. Typisch: 1–2 sehr breite, bläulichgrüne Blätter, kurzer Blütenschaft mit kugeligem Blütenkopf und zartrosa bis lilafarbene Blüten. Kultur im Zwiebelkasten einfach.

Allium protensum Wendelbo
Heimat: Zentralasien von der Kisilkum-Wüste bis zum Pamir und zum nördlichen Afghanistan; meist zwischen 300–3000 m. Blüte: V–VI. Diese Art wurde lange Zeit mit *A. schubertii* Zucch. verwechselt, die jedoch nur in Israel, Syrien und Libyen vorkommt und sich durch einen kürzeren Stengel und eher bräunliche Blüten unterscheidet. Während *A. schubertii* frostempfindlich ist, gilt *A. protensum* als widerstandsfähiger.

Allium karataviense Regel
Heimat: Zentralasien, vor allem im Tienschan und Pamir; in lockerem Kalksteinschutt. Blüte: IV–V. Blätter grau-purpurn. Perigonblätter zurückgeschlagen und nach der Blüte gerollt. An sonnigen Stellen einfach zu kultivieren.

Kugelköpfiger Lauch (*Allium sphaerocephalon* L.)
Heimat: Fast in ganz Europa; an trockenen, steinigen Stellen in Felsfluren und Trockenrasen. Blüte: VI–VIII. Blüten manchmal durch Bulbillen ersetzt. Hochblatt kürzer als Blütenstielchen, zweiteilig. Blätter bis 30 cm lang, 1–4 mm breit, umschließen den Stengel. Gartenkultur an sonnigen, trockenen Stellen einfach.

1/3 nat. Größe, Aufnahme 6. Juni

a Allium neapolitanum CYR.
S. Seite 139 b. Wuchshöhe des abgebildeten Exemplars etwa 40 cm.

b Scilla peruviana L.
Heimat: Westliches Mittelmeergebiet; an feuchten grasbestandenen Stellen, entlang von kleineren Fließgewässern. Blüte: IV–VI. Sehr formenreich in Größe und Blütenfarbe. In Nordafrika gibt es weiße, dunkelpurpurne und blaßbraune Formen nebeneinander. Die hier abgebildete Form ist möglicherweise die als *S. hughii* TIN. ex GUSS. beschriebene Kleinform.

c Allium regelii TRAUTR.
Heimat: Zentralasien und im nordöstlichen Iran; auf Sandwüsten und steinigen, felsigen Hängen im Bergland zwischen 800–3000 m. Blüte: V–VI. Kandelaberartiger Blütenstand, mit bis zu 6 verschiedenen Etagen. Blüten entweder rosa (Bildbeispiel) oder dunkelpurpurn. Kultur im Zwiebelkasten bei extremer sommerlicher Trockenheit.

d Allium subhirsutum L.
Heimat: Mittelmeergebiet; bevorzugt an sandigen oder steinigen, immer recht trockenen Stellen. Blüte: III–V. Mit *A. trifoliatum* und *A. neapolitanum* offenbar sehr nahe verwandt, unterscheidet sich jedoch durch bewimperte Blätter und schlanke, nicht abgeflachte Filamente der Staubblätter. Kultur an warmen, sonnigen Stellen einfach.

e Allium nigrum BOISS. & REUT.
Heimat: Südliches Europa bis zum Iran; auf Feldern und zwischen Kalksteingeröll bis um 2000 m. Blüte: IV–VI. Mit den purpurnen Antheren und Perigonblättern nähert sich die abgebildete Pflanze bereits etwas den Merkmalen von *A. atropurpureum* WILDST., besitzt jedoch sonst die typischen gelben Antheren und die weißlichen, hellrosa oder grünfarbigen Perigonblätter. An sonnigen Stellen im Garten einfach zu kultivieren.

f Allium moly L.
Heimat: Östliches Spanien und südwestliches Frankreich; an schattigen Felsen oder in Geröllfluren des Berglandes. Blüte: V.

g Schnittlauch (*Allium schoenoprasum* L.)
Heimat: Fast ganz Europa; meist auf feuchten Schotterhalden der Gebirge, an steinigen Flußufern oder in wechselfeuchten Wiesen, meist in dichten Beständen. Formenreich. Mehrere Varietäten sind als Gewürzkraut in Kultur. Blüten manchmal auch weiß. *A. sibiricum* ist eine nahestehende, jedoch tetraploide Form, die von Kamtschatka bis nach Japan und sogar in Nordamerika vorkommt.

h Allium oreophilum C. A. MEYER
(= *Allium ostrovskianum* REGEL)
Heimat: Zentralasien, östliche Türkei und im Kaukasus; an steinigen Hängen zwischen 3000–3800 m. Blüte: VII–VIII. Blüten hellrosa, nur bei der Kulturvarietät 'Zwanenburg' (Bildbeispiel) dunkler purpurn. Kultur einfach.

i Nothoscordum inodorum (AIT.) NICHOLS.
(= *Allium fragrans* VENT.)
Heimat: Südamerika, Kalifornien, stellenweise auch in Europa eingebürgert. *Nothoscordum* unterscheidet sich von den Arten der Gattung *Allium* durch das Fehlen des starken Zwiebelgeruchs und die am Grunde verbundenen Perigonblätter. S. Seite 145 i.

1/2 nat. Größe, Aufnahme 29. Mai

1/3 nat. Größe, Aufnahme 16. Juli

a Allium tuberosum Rottler ex Spreng. (= *Allium odorum* L.)
In Ostasien sehr häufig kultivierte Art. Blüte: VII–X. Blüten meist weit geöffnet, sternförmig. Kapsel verkehrt- eiförmig, ausgerandet. Entwickelt sich in warmen und gemäßigten Klimaten recht gut.

b Ornithogalum narbonense L.
Heimat: Südeuropa; an trockenen, steinigen Stellen und auf Ödland. Blüte: V–VII. Gartenkultur einfach, am besten in lichtem Rasen.

c Allium christophii Trautr. (= *Allium albopilosum* Wright)
Heimat: Nördlicher Iran und russisches Zentralasien; an steinigen, felsigen Hängen zwischen 900–2500 m. Blätter anfangs seidig behaart, welken bereits während der Blüte. Wuchshöhe um 50 cm. Kultur an sonnigen, heißen Stellen.

d Allium ramosum L.
Heimat: Sibirien; in Wiesen und an grasbestandenen Hängen und Säumen. Blüte: VI–VII. Blüten öffnen sich nicht flach. Perigonblätter außen mit rötlichem Strich. Fruchtknoten oval, vorne etwas ausgerandet. Entwickelt sich in warmen, gemäßigten Klimaten recht gut.

e Gras-Lauch (*Allium scorodoprasum* L. ssp. *jajlae* (Vved.) Stearn.) (= *Allium jajlae* Vved.)
Heimat: Krim und Kaukasus; an Hängen und Böschungen im Bergland. Blüte: VI–VII.

f Allium cernuum L.
Heimat: Nordamerika; bevorzugt im Bergland zwischen Steinschutt und Felsen. Blüte: VII–VIII. Blüten weiß, rosa oder purpurn. Kultur am besten an sonnigen, heißen Stellen.

g Allium obliquum L.
Heimat: Rumänien bis Sibirien und nordwestliches China; in Wiesen, zwischen Gebüsch und auf Klippen. Blüte: IV–VII. Kultur an sonnigen, heißen Stellen.

h Allium nutans L.
Heimat: Sibirien und Zentralasien; auf Steppen und an steinigen, felsigen Hängen. Blüte: VI–VIII. Innere Perigonblätter länger als die äußeren. Kultur am besten an sonnigen, heißen Stellen.

i Caloscordum neriniflorum Herbert [= *Allium neriniflorum* (Herbert) Baker]
Heimat: Südöstliches Sibirien, Mongolei und China; an trockenen, steinigen Hängen. Blüte: VII–VIII. Nahe verwandt mit der Gattung *Allium*. Die Staubblattfilamente sind jedoch am Grunde mit den Perigonblättern verbunden.

j Brodiaea stellaris Watson
Heimat: Nördliches Kalifornien; an felsigen Hängen unter 1000 m. Blüte: V–VII. Freilandkultur nur an warmen, sonnigen Stellen.

k Triteleia hyacinthina (Lindl.) Greene
S. Seite 137.

l Triteleia laxa Benth. [= *Brodiaea laxa* (Benth.) Watson]
Heimat: Westliches Kalifornien und südliches Oregon; bevorzugt auf schwerem Boden bis 1200 m. Blüte: IV–VI. Blütenfarbe dunkelblau bis reinweiß. Freilandkultur nur an warmen, sonnigen Stellen.

m Dichelostemma pulchella (Salisb.) Heller (= *Brodiaea pulchella* Greene)
Heimat: Westliches Kalifornien und südliches Oregon; in der Ebene und im Bergland bis um 1800 m. Blüte: III–V. Freilandkultur nur an warmen, sonnigen Stellen.

1/2 nat. Größe, Aufnahme 4. August

1/2 nat. Größe, Aufnahme 16. Juli

a Allium paniculatum L. ssp. **paniculatum**
Heimat: Südeuropa, nördlich bis Mittelfrankreich; bevorzugt in Trockenrasen bis um 1000 m. Blüte: VII–IX. Blütenfarbe sehr variabel. Kultur an trockenen, warmen Stellen im Garten einfach.

b Allium cyathophorum var. **farreri** (Stearn.) Stearn.
Heimat: Nordwestliches China, besonders in Kansu; auf steinigen Hängen und in Trockenrasen bis um 3300 m. Blüte: VII–IX. Staubblätter am Grunde zu einer Röhre verbunden. Gartenkultur an trockenen Stellen einfach.

c Allium flavum L.
Heimat: Südeuropa von Frankreich bis Griechenland; besonders auf Ödland und in Trockenrasen. Blüte: VII–VIII. Viele Kleinformen sind mit besonderen Namen unterschieden worden. Gartenkultur einfach.

d Allium stamineum Boiss.
Heimat: Griechenland, Türkei, vom südlichen Kaukasus bis zum Irak, Arabien und Jordanien; in Steppen, Gebüschen und Wüstengebieten zwischen 100–2000 m. Blüte: V–IX. Wuchshöhe um 30 cm. Staubblätter und Griffel ragen aus der Blüte heraus. Kultur im Zwiebelkasten oder im Topf.

e Allium longisepalum Bertol. (= *Allium eriophyllum* Boiss.)
Heimat: Osttürkei, nördliches Syrien, Irak und Iran; auf steinigen Feldern und an Hängen zwischen 150–1000 m. Blüte: V–VI. Sehr variabel. Kultur in guter Erde an sonnigen Stellen; im Sommer nicht allzu feucht, im Winter frostgeschützt.

f Allium amabile Stapf
Heimat: Südwestliches China; in alpinen Wiesen und Matten bis um 4200 m. Blüte: VII–IX. Blüten rosa bis lachsfarben. Gartenkultur an trockenen Stellen.

g Allium glumaceum Boiss. & Hausskn.
Heimat: Zentrale Türkei; an steinigen Hängen im Bergland bis um 2000 m. Gartenkultur an trockenen, warmen Stellen.

h Allium cyaneum Regel
Heimat: Nordwestliches China von Kansu bis Sezuan; in offenem Grasland und in Trockenrasen zwischen 2400–2700 m. Blüte: VIII–X. Besonders gut für den Steingarten geeignet.

i Allium algirdense Blakelock
Heimat: Hochgebirge des nördlichen Irak und der Südosttürkei; besonders an steinigen Hängen zwischen 2400–3800 m. Blüte: VIII–IX. Laubblätter röhrig, bis etwa 10 cm lang, verwelken bereits zu Beginn der Blütezeit. Kultur im Zwiebelkasten oder Topf.

j Allium narcissiflorum Vill. (= *Allium pedemontanum* Willd.)
Heimat: Südwestliche Alpen von Frankreich bis Norditalien; besonders zwischen Kalksteingeröll. Blüte: VI–VIII. Die nahe verwandte Art *A. insubricum* Boiss. & Reut. kommt nur im Gebiet zwischen Comer See und Gardasee vor. Gartenkultur an trockenen Stellen.

k Allium callidyctyon C. A. Meyer
Heimat: Zentrale Türkei, Kaukasus, Irak und Iran; meist in dichten Büscheln auf Feldern und zwischen Felsen zwischen 500–800 m. Blüte: VIII. Die Blätter erscheinen bereits im Herbst und sind zur Blütezeit verwelkt. Zwiebelschalen fein netzig übersponnen. Gartenkultur nicht einfach, sehr empfindlich gegen winterliche Feuchtigkeit.

1/3 nat. Größe, Aufnahme 6. Juni

l Allium crispum Greene
Heimat: Zentrales Kalifornien und Küstengebiete, besonders häufig zwischen Santa Barbara und der Sierra Nevada; meist auf schwerem Boden zwischen Felsgeröll und in Blockhalden. Blüte: III–V. Wuchshöhe um 20 cm. Gartenkultur am besten in guter Gartenerde an sonnigen Stellen, im Sommer nicht allzu feucht halten, im Winter frostgeschützt stellen.

m Ornithogalum montanum Cyr.
Heimat: Südöstliches Europa von Italien bis Griechenland und zur Türkei; an grasigen Hängen im Bergland. Blüte: IV–V. Sehr variabel. Blätter kahl, 8–20 mm breit. Sehr ähnlich ist *O. narbonense* L., unterscheidet sich jedoch durch den etwas längeren Blütenstand. Zwischen lichtem Gras an sonnigen Stellen leicht zu kultivieren.

n Ornithogalum sphaerocarpum A. Kerner
Heimat: Süd- und Osteuropa, von Südfrankreich und der südlichen Tschechoslowakei südwärts; in Wiesen, Gebüsch und an Säumen. Blüte: V–VI. Nahe verwandt mit *O. pyrenaicum* L., Blüten jedoch grünlich-weiß und nicht gelblich. Fruchtknoten nur wenig kugelig. Gartenkultur an trockenen Stellen.

o Allium unifolium Kellog
Heimat: Nördliches Kalifornien und südliches Oregon; besonders in den Küstengebirgen auf feuchten Böden in Kiefern- oder immergrünen Mischwäldern, meist unterhalb 1200 m. Blüte: V–VII. Zwiebel sehr ungewöhnlich, bildet sich jedes Jahr neu an einem seitlichen Ausläufer. Kultur an sonnigen Stellen in guter Gartenerde.

p Scilla litardieri Breitsr. (= *Scilla amethystina* Vis., *Scilla pratensis* Waldst. & Kit.)
Heimat: Westliches Jugoslawien; besonders im Grasland und zwischen Kalkgestein. Die sehr ähnliche *S. hyacinthoides* L. hat 8–12 Laubblätter, einen längeren Stengel und eine lockere, 40- bis 150-blütige Traube mit purpurnen Blüten. Kultur an sonnigen Stellen in guter Gartenerde.

Eremurus regelii

Eremurus lactiflorus im Chimgan-Tal

Eremurus lactiflorus

Eremurus olgae

Eremurus M. BIEB.
Heimat: Türkei (2 Arten) ostwärts bis zum Himalaya, 1 Art in China, das Mannigfaltigkeitszentrum mit 41 Arten liegt in Zentralasien; meist an trockenen, steinigen, feinerdearmen Stellen. Die linealischen, im Querschnitt dreikantigen Blätter erscheinen im Frühjahr. Sie werden kaum abgeweidet, so daß die Pflanzen meist in großer Zahl vorkommen. Wurzeln sehr lang, dick und fleischig; sie sitzen an einem kräftigen Wurzelstock an. Für die Gartenkultur unter mitteleuropäischen Verhältnissen in Sandboden setzen und vor allem vor Frösten schützen. Nach der Blüte im Sommer so trocken wie möglich halten. Solange die Blätter noch grün sind, ist volle Sonneneinstrahlung sehr wichtig.

Eremurus cristatus VVED.
Heimat: Westlicher und zentraler Tienschan. Blüte: V. Eine der kleineren Arten, etwa 60 cm Wuchshöhe.

Eremurus olgae REGEL
Heimat: Nördlicher Iran, Nordafghanistan und Zentralasien (besonders Tadschikistan); an steinigen Hängen zwischen 1200–2500 m. Blüte: V–VIII. Wuchshöhe 70–100 cm. In der Natur treten häufig Hybriden mit andern Arten auf, von denen besonders die 'Shelford'-Hybriden, die aus der Kreuzung *Eremurus olgae* × *stenophyllus* stammen, in Kultur übernommen wurden.

Eremurus stenophyllus (BOISS. & BUHSE) BAKER (= *Eremurus bungei* BAKER)
Heimat: Zentralasien, besonders Kopet Dağ, Iran (dort ssp. *stenophyllus*), Afghanistan, Westpakistan und Pamir (ssp. *aurantiacus*); an steinigen, sehr trockenen Hängen bei etwa 2500 m. Wuchshöhe um 150 cm.

Eremurus regelii VVED.
Heimat: Tienschan, jedoch auch im Pamir; an erdigen Hängen und in felsigem Gebiet um 1000 m. Blüte: IV–V. Wuchshöhe bis 180 cm.

Eremurus lactiflorus O. FEDTSCH.
Heimat: Westlicher Tienschan; zwischen Geröll und in Steppengebieten zwischen 1000–2000 m. Blüte: IV–V. Wuchshöhe 50–100 cm. Fruchtkapseln auffällig aufgetrieben, bis 35 mm breit.

Eremurus cristatus

Eremurus olgae im Elburs-Gebirge

Eremurus stenophyllus im Hindukush

1/3 nat. Größe, Aufnahme 28. April

Arum creticum, 1/3 nat. Größe, Aufnahme 17. April

Gladiolus italicus

Gladiolus atroviolaceus

a Triteleia ixioides (AIT. f.) GREENE
Näheres s. Seite 137. Blütenstandsschaft zwischen 1,5–7 cm lang.

b, c Zigadenus fremontii TORR.
Heimat: Südliches Oregon und Kalifornien; besonders in Trockenrasen oder in Gebüsch, meist unterhalb 1000 m. Blüte: III–IV. Sehr variabel. Blütenstand traubig bis rispig. Perigonblätter 10–12 mm, Staubblätter 5–7 mm lang.

Rhodohypoxis baurii NEL. (*Hypoxidaceae*)
Heimat: Südafrika; auf torfigen, moorigen Böden oder in Riesel- und Quellfluren zwischen 1500–3000 m. Blüte: X–XII. Blütenfarbe zwischen weiß und dunkelrot. Blüten bis 30 mm breit. Am besten Topfkultur, im Winter trocken halten und vor Frost schützen; zum Frühjahr bis nach Abschluß der Blütezeit regelmäßig wässern.

Wiesen-Siegwurz, Wiesen-Gladiole (*Gladiolus imbricatus* L.) Schwertliliengewächse (*Iridaceae*)
Heimat: Mittleres und östliches Europa (ziemlich selten), Südeuropa von Griechenland bis zur Türkei und zum Kaukasus; besonders in feuchten Wiesen und Quellfluren. Blüte: V–VII. Typisch: Sehr dichter, 4–12blütiger Blütenstand, stumpfe Grundblätter. Blüten manchmal auch dunkelpurpurn. Steht in Deutschland unter Naturschutz!

Gladiolus atroviolaceus BOISS.
Heimat: Östliche Türkei, Irak, Iran und Armenien; auf Feldern und an trockenen Hängen. Blüte: V–VII. Sehr dunkelblütige Formen aus feuchten Wiesen der Hochgebirgslagen wurden auch als *G. kotschyanus* BOISS. oder als Varietät von *G. imbricatus* beschrieben. Kultur in einem Zwiebelkasten bei sommerlicher Trockenheit.

Gladiolus illyricus KOCH
Heimat: Westliches und südliches Europa; in Heiden, Gebüsch und lichten Wäldern. Blüte: IV–VIII. Sehr ähnlich ist die Garten-Gladiole (*Gladiolus communis* L.), die jedoch meist nur 50 cm Wuchshöhe erreicht. Blütenstand 3–10blütig.

Gladiolus imbricatus

Gladiolus communis

Gladiolus illyricus

Rhodohypoxis baurii, 1/2 nat. Größe, Aufnahme 6. Juni

Gladiolus × colvillei

Garten-Gladiole (*Gladiolus communis* L.)
Heimat: Südeuropa von Spanien und Frankreich bis in den östlichen Mittelmeerraum; auf Feldern und in lichtem Gebüsch. Blüte: IV–VIII. Blüten nicht einseitswendig, meist etwas entfernt und zu 10–20. Die in Mitteleuropa gepflanzten Formen sind meist Kreuzungen mit oder zwischen südafrikanischen Arten.

Arum creticum BOISS. & HELD. Aronstabgewächse (*Araceae*)
Heimat: Auf Kreta, Samos, Rhodos und Karpathos; an steinigen Hängen. Blüte: III–IV. Blätter erscheinen bereits im Herbst. Wuchshöhe bis 40 cm. Kaum mit anderen *Arum*-Arten zu verwechseln. Typisch: Sehr lose gefaltetes Hochblatt. Kolben (Spadix) gelb (Bildbeispiel) oder purpurn. Hochblatt weiß, gelb oder grün. Im Unterschied zu anderen Arten angenehm duftend. Kultur unter Frostschutz und bei sommerlicher Trockenheit einfach.

Gladiolus italicus MILLER (= *Gladiolus segetum* KER-GAWLER) Schwertliliengewächse (*Iridaceae*)
Heimat: Südfrankreich bis Nordafrika und Rumänien, Zentralasien und Iran; auf Feldern, an Äckern und Säumen, stellenweise sehr häufig. Blüte: III–VII. Unterscheidet sich von ähnlichen Arten durch deutlich längere Antheren als Filamente.

Gladiolus × colvillei SWEET (= *Gladiolus tristis* × *cardinalis*)
Verschiedene Kulturvarietäten wurden durch die Kreuzung dieser beiden südafrikanischen Arten erhalten. Blütenfarbe zwischen weiß, karminrot, lachsrosa, hell-lila und purpurn. In Mitteleuropa nicht frosthart, daher nach der Blütezeit wieder ausgraben.

Eminium intortum

Eminium intortum (BANKS & SOL.) O. KUNTZE Aronstabgewächse (*Araceae*)
Heimat: Südliche Türkei und Syrien; auf trockenen, steinigen Feldern und an Hängen in Felsfluren. Blüte: III–V. Knolle fast kugelig, mit weißem, puderigem, etwas wachsigem Überzug. Gartenkultur bisher nicht möglich.

1/3 nat. Größe, Aufnahme 29. Mai

a Gladiolus communis L. ssp. **byzantinus** (MILL.) P. A. HAMILTON Schwertliliengewächse (*Iridaceae*)
Heimat: Südspanien, Sizilien, Sardinien und Nordafrika; eine Varietät mit karminroten Blüten wird häufig als Zierpflanze verwendet. Warme, trockene und sonnige Standorte.

b Moraea spathacea KER-GAWL.
Heimat: Südafrika, besonders östliche Kapregion; an feuchten Standorten. Sehr ähnliche Arten kommen in den Drakensbergen vor. Die abgebildete Art entwickelt sich in torfigem Boden an sonnigen Stellen sehr üppig.

c Iris 'Wedgwood'
Eine der am häufigsten als Zierpflanze verwendeten Schwertlilien, aus Kreuzungen zwischen *I. xiphium* × *I. tingitana* abgeleitet. Blütenfarbe sehr variabel, purpurn, blau, weiß, gelb, bronze oder hellorange. Nach dem Abblühen ausgraben, trocknen; im Frühherbst erneut auspflanzen.

d, e Nectaroscordum siculum (UCRIA) LINDL. Liliengewächse (*Liliaceae*)
Heimat: Südeuropa von Frankreich über Bulgarien bis zur Krim; in feuchten, sehr schattigen Wäldern. Blüte: V. Von Italien westwärts haben die Pflanzen grünlich-rote Blüten (= ssp. *siculum*, **e**). Von Bulgarien und der Türkei ostwärts weißliche oder rosafarbene (**d**). Für schattige oder halbschattige Stellen im Garten.

f Allium karataviense REGEL
Genauere Angaben s. Seite 141.

g Allium giganteum REGEL
Heimat: Iran, Afghanistan, Zentralasien, vor allem in Turkmenien und im Pamir; an sanft geneigten Hängen bis höchstens 1200 m. Blüte: IV–V. Laubblätter bläulichgrün, flach, 5–10 cm breit. Perigonblätter stumpf, 5–6 mm lang. Die recht ähnliche Art *A. macleanii* BAKER (= *A. elatum* REGEL) unterscheidet sich vor allem durch glänzend grüne Blätter, den kantigen Stengel und längere (6–7 mm) Perigonblätter. Gartenkultur an sonnigen, nicht allzu feuchten Stellen einfach.

h Iris 'Professor Blaauw' Schwertliliengewächse (*Iridaceae*)
Sehr dunkelblütige Varietät der vor allem in den Niederlanden gezüchteten Iris-Formen. Die abgebildete Gartenform stammt von *I. tingitana* BOISS. & REUT. var. *fontanesii* (GORDON) MAIRE ab, die in Marokko gesammelt wurde.

i Arum italicum MILLER Aronstabgewächse (*Araceae*)
Heimat: Südliches und südwestliches Europa bis Nordafrika; in Gebüschen, an Heckensäumen und zwischen Gesteinsschutt, oft auch an altem Gemäuer. Blüte: III–V. Die großen Blätter erscheinen bereits im Herbst. Sehr variabel und meist in 4 Unterarten eingeteilt. Die Abbildung zeigt die ssp. *italicum* mit weißnervigen Laubblättern, die häufig noch auffälliger gezeichnet sind und bei den übrigen Unterarten nicht auftreten. Die ssp. *neglectum* aus Südengland und Westeuropa besitzt einen Blütenschaft, der kürzer ist als die Blätter, und ein grünlich-gelbes Hochblatt (Spatha). Die ssp. *albispathum* von der Krim und Südwestasien hat ein reinweißes Hochblatt; die vierte Unterart, ssp. *byzantinum* aus Griechenland, der Türkei und Kreta, hat einen längeren Blütenschaft und ein grünes, purpurn geflecktes Hochblatt. An trockeneren Stellen im Halbschatten gut zu kultivieren.

1/3 nat. Größe, Aufnahme 6. Juni

Iris latifolia, helle Form

Iris latifolia (MILL.) VOSS. (= *Iris xiphioides* EHRH.)
Heimat: Pyrenäen und kantabrisches Gebirge (nördliches Spanien); in feuchten, moorigen Wiesen. Blüte: VI–VII. Wuchshöhe 25–50 cm. Blüten wesentlich größer als bei anderen Arten der Sektion *Xiphion*; äußere Perigonblätter 60–75 mm lang. Pflanzen kultivierter Formen blühen violett, blau, hell-lila oder weiß. In fast jedem Gartenboden gut zu kultivieren.

Iris latifolia

1/2 nat. Größe, Aufnahme 29. Mai

Oxalis depressa

Oxalis laciniata

Roscoea cautleyoides

Roscoea humeana

Roscoea alpina

Oxalis enneaphylla

Roscoea alpina ROYLE Ingwergewächse (*Zingiberaceae*)
Heimat: Himalaya von Kaschmir bis Sikkhim; an steinigen, recht steilen Hängen bis etwa 3500 m. Blüte: VI–VII. Wuchshöhe um 20 cm. Nur je eine Blüte ist voll geöffnet.

Roscoea humeana BALFOUR f. & W. W. SMITH
Heimat: China; bevorzugt an grasigen Hängen und Bergflanken bis um 3800 m. Blüte: V–VII. Wuchshöhe um 60 cm. Wurzeln sehr fleischig, sollten mindestens 15 cm tief in humosen oder torfigen Boden gepflanzt werden.

Roscoea cautleyoides GAGNEP.
Heimat: Westliches China, besonders im Südwesten Yunnans. Blüten entweder gelb oder purpurn. Wurzeln sehr fleischig, sollten etwa 15 cm tief in Humusboden gepflanzt werden.

Oxalis laciniata CAV. Sauerkleegewächse (*Oxalidaceae*)
Heimat: Patagonien; in grasbestandenen Geröll- und Kiesfluren. Blütenfarbe blaßblau bis dunkelrötlich oder malvenfarbig. Rhizom sehr fleischig und wurmartig. Kultur am besten in torfigem Boden im Halbschatten. Eine besonders attraktive Zierpflanze ist der Bastard zwischen dieser Art und *O. enneaphylla.*

Oxalis enneaphylla CAV.
Heimat: Falkland-Inseln und Südchile; in Heiden und auf Sandböden in Küstennähe. Blütenfarbe variabel zwischen rosa und weiß. Die ähnliche Art *O. adenophylla* besitzt weniger tief zerteilte Blattzipfel und meist 2–3blütige Stielchen. Gartenkultur in Sandboden an sonnigen Stellen.

Oxalis depressa ECKL. & ZEYH. (= *Oxalis inops* ECKL. & ZEYH.)
Heimat: Südafrika, in Südengland stellenweise eingebürgert; in Dünen und anderen Sandgebieten in Küstennähe. Blüte: II–IX. Rhizom ziemlich klein, knollig. Gartenkultur an sonnigen Standorten einfach.

a, c Arisaema triphyllum (L.) SCHOTT Aronstabgewächse (*Araceae*)
Heimat: Östliches Nordamerika, westlich bis Manitoba; in feuchten Wäldern und Sümpfen oder Mooren. Blüte: V–VII. Nach dem Abblühen erscheinen sehr bald die auffallend korallenroten Beerenfrüchte. Die Abbildung zeigt eine vergleichsweise kleine Form aus New Hampshire. Kultur am besten in feuchtem Humus im Schatten.

b Arisaema ringens (THUNB.) SCHOTT
Heimat: China, Südkorea und Japan, besonders auf den Inseln Honshu, Shikoku und Kyushu; in küstennahen Wäldern. Blüte: III–V. Typisch: Große, dreiteilige Blätter und eigenartig gewundene, streifig gemusterte Spatha. F. *praecox* T. KOYAMA mit einheitlich grüner Spatha, f. *sieboldii* mit einfarbig rötlicher Spatha. Kultur am besten in Humusboden im Schatten bei sommerlicher Feuchtigkeit.

Arum palaestinum

Arisarum vulgare

1/4 nat. Größe, Aufnahme 12. Juli

Dracunculus vulgaris Schott
Heimat: Mittelmeergebiet von Sardinien und Sizilien ostwärts bis nach Bulgarien, Griechenland und zur südlichen Türkei, in Südfrankreich und Portugal stellenweise eingebürgert; bevorzugt in Trockengebüsch und in Felsfluren. Blüte: IV. *D. muscivorus* (L. f.) Parl. mit grünlicher Spatha und einem mit haarähnlichen Auswüchsen besetzten Kolben wächst nur auf Korsika, Sardinien und den Balearen. Nicht frostfest, daher im Winter nur mit besonderen Schutzvorrichtungen zu halten. Sehr vermehrungsfreudig durch vegetatives Wachstum.

Arisarum vulgare Targ-Tozz.
Heimat: Mittelmeergebiet und Portugal; besonders an steinigen, felsigen Standorten. Blüte: III–V. Blätter erscheinen bereits im Herbst und sind nicht frostfest. Daher muß die Pflanze im Kalthaus gehalten werden.

a Zantedeschia aethiopica (L.) Sprengel
Heimat: Südafrika von der Kapregion bis zu den Drakensbergen, an moorigen, feuchten Stellen. Blüte: Frühjahr. Kann an günstigen Stellen auch im Freiland kultiviert werden.

b Arisaema tortuosum (Wall.) Schott
Heimat: Himalaya von Punjab bis Sikkim und westliches China; in Wäldern zwischen 1300–2900 m. Blüte: IV–VIII, meist vor Beginn der Regenzeit.

Arum conophalloides Kotschy
Heimat: Türkei, Syrien und Libanon, an steinigen, trockenen Hängen bis um 2000 m. Blüte: IV–VI. Gartenkultur ziemlich schwierig und kaum erfolgreich.

Dracunculus vulgaris

Arum conophalloides

Arum dioscoridis

Eminium albertii

Arum palaestinum Boiss.
Heimat: Syrien, Libanon und Israel; an schattigen Felsen und Mauern. Blüte: IV. Nahe verwandt mit *A. dioscoridis,* angeblich jedoch von angenehmem Duft und immer mit ungeflecktem Hochblatt. Gartenkultur sehr schwierig.

Arum dioscoridis Sibth. & Sm.
Heimat: Südliche Türkei, Libanon und Israel; in Gebüschen, an Hecken und steinigen Säumen. Blüte: IV–V. Blätter erscheinen im frühen Winter aus einer sehr großen, rundlichen Knolle. Hochblatt gelblich mit dunklen, fast schwärzlichen Flecken oder nahezu gänzlich schwarz. Blütenstand von sehr üblem Verwesungsgeruch. Gartenkultur verhältnismäßig einfach, am besten im Zwiebelkasten.

Eminium albertii Regel
Heimat: Zentralasien, vor allem im Tienschan und Pamir; auf erdigen oder felsigen Hängen. Blüte: IV–VI. Kultur möglich, am besten im Zwiebelkasten bei sommerlicher Trockenheit.

Himalaya in Sikkim, vorne *Rhododendron falconeri*

Lilium polyphyllum

Arisaema concinnum

Arisaema griffithii

Arisaema jaquemontii

Arisaema speciosum

Arisaema propinquum

Arisaema candidissimum

Lilium polyphyllum Royle Liliengewächse (*Liliaceae*)
Heimat: Westlicher Himalaya von Kumaon und Kaschmir bis nach Afghanistan; an steilen felsigen oder grasigen Hängen und Klippen zwischen 2000–4000 m. Blüte: VI–VII. Gartenkultur nicht einfach, obwohl die Art in der Natur weit verbreitet und recht häufig ist.

Arisaema concinnum Schott Aronstabgewächse (*Araceae*)
Heimat: Zentraler und westlicher Himalaya von Nepal bis Bhutan; auf Waldlichtungen zwischen 2400–2700 m. Blüte: IV–V. Nur an geschützten Stellen winterfest, sollte durch Schnee oder Laubstreu geschützt werden.

Arisaema speciosum(Wall.) Mart.
Heimat: Östlicher Himalaya von Nepal bis Nordostindien, nördliches Assam und westliches China; in Wäldern in 2300–3500 m. Blüte: IV–VI.

Arisaema jacquemontii Blume
Heimat: Afghanistan bis Bhutan, nördliches Assam und südöstliches Tibet in den Bergzügen des Himalaya; an grasbestandenen Hängen und in lichten Wäldern zwischen 2700–4000 m. Blüte: VI. Möglicherweise eine der widerstandsfähigsten Arten aus dem Himalaya.

Arisaema griffithii Schott
Heimat: Östlicher Himalaya; in Wäldern um 2500 m. Blüte: IV–V.

Arisaema propinquum Schott
Heimat: Himalaya von Kaschmir bis Bhutan und zum südlichen Tibet; in Wäldern zwischen 2500–3800 m. Blüte: V–VI. Bei ausreichender Abdeckung mit Laubstreu winterfest.

Arisaema candidissimum W. W. Sm.
Heimat: Westliches China, besonders in Yunnan und Szechuan; an steilen, schattigen Hängen in Kiefernwäldern. Blüte: VI. Hochblatt rosa oder weiß. Obwohl der Standort sehr trocken zu sein scheint, ist im Boden dennoch immer reichlich Wasser enthalten. Sommerliche Trockenheit wird daher kaum ertragen. Kultur am besten im Halbschatten oder an tiefschattigen Stellen.

a Arisarum proboscoideum(L.) Savi
Heimat: Südliches Italien und Südwestspanien; an schattigen Stellen in Wäldern und Gebüschen; bildet dort dichte Bestände. Die mäuseähnlichen Blütenstände sind meist unter den Blättern versteckt. Gartenkultur an schattigen Stellen einfach. Winterfest.

b Fritillaria camschatcensis (L.) Ker-Gawl. Liliengewächse (*Liliaceae*)
Heimat: Westliches Nordamerika von Washington nordwärts bis Alaska, den Kurilen, auf Kamtschatka und nördliches Japan; in lichten Wäldern oder (in Japan) auf alpinen Wiesen um 1800 m, meist jedoch an grasigen Stellen in Küstennähe. Blüte: VI–VII. Sehr formenreich. Blüten purpurn, grün oder schwärzlich. Gartenkultur am besten an schattigen Stellen im Humus. Trockenheit wird schlecht vertragen.

c Arisaema sikokianum Fr. & Savi
Heimat: Japan, besonders auf den Inseln Honshu, Sikoku und Kyushu; in lichten oder halbschattigen Wäldern. Blüte: V–VI. Typisch: Sehr stumpfer, keulenförmiger Kolben (Spadix) und 3–5teilige Blätter. Gartenkultur nur mit Schwierigkeiten möglich, erfordert sehr guten Humusboden.

1/2 nat. Größe, Aufnahme 14. Mai

Lilium columbianum

Lilium parvum

Lilium columbianum

Lilium kelloggii

Lilium bolanderi

Lilium washingtonianum

a, b Türkenbund-Lilie (*Lilium martagon* L.) Liliengewächse (*Liliaceae*)
Heimat: Europa von Portugal und Frankreich ostwärts bis zur Türkei, Kaukasus und Sibirien; in subalpinen Wiesen, lichten Wäldern und Buschwerk. Blüte: V–VIII. Steht in Deutschland unter Naturschutz! Die dunkelweinrote Form (**a**) wurde auch als *L. cattaniae* (Vis.) Vis. beschrieben oder als var. *dalmaticum* Elwes bezeichnet. Sie kommt in der Hauptsache auf dem Balkan vor und unterscheidet sich durch eine etwas frühere Blütezeit, kräftigeren Wuchs und stark behaarte Knospen. Weiße Formen treten in Kultur häufig auf. Die kräftig rosablütige Form (**b**) ist die in Mitteleuropa häufigste Variante. Gartenkultur am besten in neutralem oder mäßig basischem Boden.

c Lilium pomponium L.
Heimat: Südfrankreich und nordwestliches Italien; bevorzugt in Gebüschen zwischen Kalksteingeröll. Blüte: V. Typisch: Sehr schmale, bewimperte Blätter und scharlachrote Blüten. Am besten im Steingarten an warmen, sonnigen Stellen.

Lilium candidum L.
Heimat: Südliches Jugoslawien und Griechenland, bis zum Libanon; in Gebüsch an Klippen, Hängen und Halden. Blüte: V. Die Grundblätter erscheinen schon im Herbst und bleiben während des Winters grün. Kultur etwas problematisch, am besten auf Kreideböden mit reichlicher Düngung. Nur in geschützten Lagen winterfest.

Lilium columbianum Hanson
Heimat: Westliches Nordamerika vom mittleren British Columbia bis zum nördlichen Kalifornien; meist in feuchtem Boden zwischen Blöcken und Felsen oder Geröll bis um 1600 m. Blüte: VI. Wuchshöhe am natürlichen Standort um 2 m. Gartenkultur am besten zwischen Sträuchern an feuchteren Stellen.

Lilium kelloggii Purdy
Heimat: Nordwestliches Kalifornien; nur an Lichtungen und Säumen im Bereich der Redwood-Wälder. Kultur am besten im Halbschatten in guter, feuchter, aber nicht staunasser Gartenerde zwischen Strauchwerk.

Lilium parvum Kellogg
Heimat: Kalifornien und südliches Oregon; wächst besonders gern an feuchten Stellen und entlang von Gebirgsflüssen zwischen 1600–3000 m. Blüte: VI–VII. Blüten gelb, orange oder rot. Wuchshöhe bis etwa 2 m. Kultur am besten in tiefem, feuchtem Sandboden.

Lilium bolanderi S. Watson
Heimat: Siskiyou-Gebirge im südlichen Oregon; an trockenen Hängen und in Trockenrasen. Gartenkultur sehr schwierig.

Lilium washingtonianum Kellogg var. **minor**
Heimat: Oregon und nördliches Kalifornien; zwischen Trockengebüsch und auf Trockenrasen im Bergland um 1000–2000 m. Blüte: VI–VII. Blüten weiß, bei der var. *purpurascens* auch rosa-purpurn. Gartenkultur sehr schwierig, erfordert trockene, lockere Böden an sehr sonnigen, warmen Stellen.

1/5 nat. Größe, Aufnahme 10. Juli

Lilium candidum

Lilium pomponium

1/4 nat. Größe, Aufnahme 12. Juli

Lilium nepalense

Notholirion macrophyllum

Cardiocrinum giganteum

Lilium maculatum var. **dauricum**

a, d Lilium duchartrei FRANCHET
Heimat: Westliches China, besonders in Yunnan und Kansu; an feuchten Stellen an Waldrändern und auf Bergwiesen. Blüte: VII. Typisch: Annähernd doldiger Blütenstand. Kultur am besten in feuchtem Humus zwischen Strauchwerk, z. B. *Rhododendron*-Arten. Die var. *farreri* aus Kansu zeichnet sich durch reinweiße Blüten aus und verträgt Kalk. *L. lankongense* FRANCHET ist ähnlich, hat aber rosa Blüten und einen teilweise unterirdisch kriechenden Stengel, der erst kurz vor der Blütezeit aus der Erde kommt.

b Lilium tsingtauense GILG.
Heimat: Nordöstliches China und Korea; an grasigen Säumen und Hängen und in lichten Wäldern. Gartenkultur am besten zwischen Rhododendron-Sträuchern an schattigen Stellen.

c Lilium henrici FRANCHET
Heimat: Westliches China, besonders in Yunnan; an steilen, grasigen Hängen zwischen 3000–3600 m. Die var. *maculatum* (EVANS) WOODCOCK & STEARN hat gefleckte Blüten. Der Blütenstand trägt 5–9 Blüten. Wuchshöhe bis 140 cm. Ziemlich seltene Art. Kultur am besten zwischen Sträuchern in feuchtem, nährstoffreichem Boden.

e Lilium parryi S. WATSON
Heimat: Südliches Kalifornien und Arizona; auf nährstoffreichen Böden entlang von Gebirgsbächen und -flüssen in 2000 bis 3000 m. Blüte: VI. Wuchshöhe am natürlichen Standort bis 2 m. Kultur am besten im Halbschatten in tiefgründigem Humus oder in humosem Sandboden.

Lilium maculatum THUNB. var. **dauricum**
Heimat: Japan, besonders in Küstennähe der Insel Honshu; an Klippen und grasbewachsenen Hängen.

Cardiocrinum giganteum (WALL.) BAKER
(= *Lilium giganteum* WALL.)
Heimat: Himalaya, westwärts bis Nepal; in feuchten Wäldern und Gebüschen zwischen 1600–3000 m. Blüte: VI–VII. Wuchshöhe in Kultur 2–4 m. Die var. *yunnanense* LEICHTLIN aus dem westlichen China zeichnet sich durch einen schwärzlichen Stengel und bronzefarbene junge Blätter aus. Gartenkultur ziemlich einfach, am besten in tiefgründigen, humosen Böden. Junge Blätter sind sehr empfindlich gegen Schneckenfraß. Nicht zuverlässig winterfest.

Notholirion macrophyllum (D. DON) BOISS.
Heimat: Nepal, Sikkim, Bhutan und Tibet; an grasbestandenen Hängen zwischen 2700–4400 m. Blüte: VII. Gartenkultur ziemlich schwierig und bisher wenig erfolgreich.

Lilium nepalense D. DON
Heimat: Nepal und nordöstliches Indien, Assam; an steilen Hängen zwischen Kalkgestein und in Bambusbeständen, meist zwischen 2300–3000 m. Blüte: VI–VII. Blütenfarbe variabel, entweder einheitlich grünlich oder etwa zur Hälfte mit bräunlich-karminroter Zeichnung. Stengel wächst bis zur Blütezeit oft unterirdisch. Kultur bei winterlicher Trockenheit möglich.

Lilium lancifolium

Lilium 'Cover Girl'

Lilium 'Black Beauty'

Lilium auratum

Lilium bulbiferum

Lilium mackliniae

Nomocharis aperta

Lilium × testaceum

Lilium lancifolium THUNB. (= *Lilium tigrinum* KER-GAWL.)
Sehr häufig als Zierpflanze verwendete Art, steriler, triploider Bastard vermutlich aus *L. maculatum* und *L. leichtlinii*, der schon seit langem in Japan bekannt ist und angepflanzt wird. Blüte: VIII–IX. Benötigt lockeren, nährstoffreichen Boden und gedeiht auch in mitteleuropäischem Klima ausgezeichnet. Oft mit zahlreichen schwarzen Stengelbulbillen.

Lilium 'Cover Girl'
Neuzüchtung durch die Oregon Bulb Farm im Jahre 1967, Bastard zwischen *L. speciosum* × *auratum* und der Elternart *L. auratum*. Eine der schönsten rosablütigen Zierformen. Wuchshöhe bis 2 m. Blüten bis 25 cm breit.

Lilium 'Black Beauty'
Neuzüchtung durch L. WOODRUFF (Oregon) im Jahre 1957. Bastard zwischen *L. henryi* und *L. speciosum*. Sehr wüchsige, langlebige Form und ziemlich resistent gegen Virusinfektionen. Blüte: VIII–IX.

Lilium auratum LINDL.
Heimat: Japan, besonders auf der Insel Honshu; bevorzugt in Gebüsch und an grasigen Stellen im Bergland. In der Natur treten Formen mit breiten Perigonblättern (var. *platyphyllum* BAKER) und mit rötlichen Längsbändern (var. *rubrovittatum* DUCHARTRE) auf, letztere häufig zwischen Beständen der Normalform, die erstere vor allem auf Vulkanböden von Honshu. Gartenkultur nur in lockeren, ziemlich sauren Böden an warmen, sonnigen bis halbschattigen Stellen möglich.

Feuer-Lilie (*Lilium bulbiferum* L.) (= *Lilium croceum* CHAIX)
Heimat: Europa; besonders in Gebüschen, Farnbeständen und an felsigen Standorten. Blüte: VI. Blüten orange bis rot, mit oder ohne Bulbillen in den Blattachseln. Gartenkultur ziemlich einfach, am besten an sonnigen bis halbschattigen Stellen in lockerem Boden.

Lilium mackliniae SEALY
Heimat: Endemisch in Manipur nahe Ukhrul (Südostasien); ausschließlich an grasbestandenen oder felsigen Hängen zwischen 2100–2600 m. wurde dort erst 1948 durch F. K. WARD entdeckt und nach dessen Frau benannt. Erfordert in Kultur lockeren Humusboden an sonnigen bis halbschattigen Stellen.

Nomocharis aperta (FRANCHET) E. H. WILSON
Heimat: Westliches China, besonders Szetschuan und Yunnan, und im Grenzgebiet Burma-Tibet; nur auf alpinen Matten und Wiesen um 2700 m. Blüten meist etwas blasser rosa als beim abgebildeten Exemplar und mit wenigen Flecken gemustert. Erfordert reichen Humusboden und viel Nässe im Wurzelhorizont. Alle *Nomocharis*-Arten sind Alpenpflanzen.

Lilium × testaceum
Hybride Form, aus der Kreuzung *L. chalcedonicum* und *L. candidum* entstanden. Kultur nur in lockerem Boden, aber an trockenen, heißen, sonnigen Stellen möglich. Sehr alte Zierpflanze, die bereits vor 1841 in Kultur war.

1/3 nat. Größe, Aufnahme 12. Juli

Lilium monadelphum

a Lilium monadelphum BIEB. (= *Lilium szovitsianum* FISCH. & LALL.)
Heimat: Krim, Nordflanke des Kaukasus zwischen Schwarzmeer und Kaspischem Meer und südwärts bis zur nördlichen Türkei; in Wäldern, Gebüschen und subalpinen Wiesen bis etwa 2500 m. Blüte: VI–VIII. *L. monadelphum* und *L. szovitsianum* sind in der Natur kaum zu unterscheiden und mutmaßlich konspezifisch. In großen Beständen finden sich sowohl Pflanzen mit gefleckten wie auch mit ungefleckten Blüten, gelbem und orangefarbenem Pollen. Blütenfarbe variiert kontinuierlich zwischen verschiedenen Gelbtönen. Die bei (**a**) abgebildete Form zeigt eher die für *Lilium szovitsianum* angegebenen Merkmale. Kultur in guter Gartenerde möglich, aber etwas schwierig.

b Lilium pardalinum KELLOGG
Heimat: Westliches Nordamerika von Kalifornien bis British Columbia; in Sümpfen, Auwiesen und Gebüsch in den Küstengebirgen. Blüte: VI–VII. Sehr variabel. Blüten rot, orange oder gelb und von unterschiedlichem Fleckenmuster. Zwiebeln kriechen horizontal, meist sehr dichtwüchsig. Wuchshöhe bis 230 cm. Kultur am besten in sehr feuchter Erde bei hohem Grundwasserstand.

Lilium carniolicum BERNH. EX KOCH.
Heimat: Südöstliche Alpen von Kärnten und Italien bis nach Griechenland; in offenen Kiefernbeständen, auf Bergwiesen oder an Felssäumen. Blüte: V–VI. Im typischen Fall sind die Blüten rot oder orange. Laubblätter auf den größeren Blattnerven unterseits behaart. Die Exemplare aus dem südlichen Verbreitungsgebiet der Art (Abbildung) sind gelbblütig und wurden auch als *L. jankae* A. KERNER bezeichnet. Kultur am besten in lockerem Humusboden an sonnigen oder halbschattigen Stellen.

Lilium pyrenaicum L.
Heimat: Pyrenäen in Frankreich und Nordspanien, in Schottland stellenweise eingebürgert; in offenen Gehölzen und auf alpinen Wiesen. Blüte: VI–VIII. Gartenkultur vergleichsweise einfach, bevorzugt lockeren, humosen Boden. Gedeiht auch in ungünstigerem Klima.

Lilium monadelphum (Kaukasus)

Lilium pyrenaicum

Lilium carniolicum

1/4 nat. Größe, Aufnahme 4. August

a Galtonia princeps DCNE.
Heimat: Östliches Südafrika, Natal und Transkei; in Steppen und Grasbeständen bis um 1000 m. Blüte: XII. Gartenkultur einfach, erfordert lockeren nährstoffreichen Boden an sonnigen Stellen.

b Tritonia × crocosmiflora (LEMOINE) NICHOLS (= *Crocosmia crocosmiflora* N. E. BR.) Schwertliliengewächse (*Iridaceae*)
Bastard zwischen *T. pottsii* (BAKER) BAKER und *T. aurea* PAPPE, beide in Südafrika heimisch. Seit geraumer Zeit auch in Europa als Zierpflanze weit verbreitet und häufig. Stellenweise in Westeuropa entlang der Atlantikküste eingebürgert.

c Crinum × powellii BAKER Amaryllisgewächse (*Amaryllidaceae*)
Bastard zwischen *C. moorei* und *C. bulbispermum*, beide in Südafrika heimisch. Blüte: VII–VIII. Wuchshöhe bis 150 cm. Zwiebeln flaschenförmig, bis 20 cm dick. Als Gartenpflanze zunehmend verwendet, ist in günstigen atlantischen Klimaten auch winterfest. Kultur am besten an sonnigen Stellen in guter, lockerer Gartenerde.

d Habranthus brachyandrus (BAKER) SEALY
Heimat: Südliches Brasilien, Paraguay und nordöstliches Argentinien, besonders im Gebiet des Parana. Blüte: I. Typisch: Langgestielte Einzelblüten, die randlich rosa, am Grunde jedoch tief purpurn gefärbt sind. Kultur (auch aus Samen) einfach. Nur in günstigen Lagen winterfest.

e Hippeastrum elwesii BAKER
Heimat: Südliches Argentinien und Chile. Freilandkultur ist nur in sehr milden, günstigen Klimalagen möglich. Am besten im Hochbeet oder im Topf zu ziehen, sollte im Winter ziemlich trocken stehen.

Galtonia candicans DCNE. Liliengewächse (*Liliaceae*)
Heimat: Südafrika, Natal und Lesotho bis Kapregion; in feuchten bis nassen Wiesen bis 2600 m. Blüte: XII. Gartenkultur (auch aus Samen) recht unproblematisch. Empfindlich gegen Schneckenfraß; nur in sehr milden Lagen winterfest.

Tritonia paniculata KLATT (= *Cyrtonus paniculatus* (KLATT) N. E. B.) Schwertliliengewächse (*Iridaceae*)
Heimat: Swaziland, Transvaal, Lesotho und Natal; meist in feuchten Wiesen bis etwa 1800 m. Blüte: II–III. Wuchshöhe um 150 cm. In feuchter Gartenerde ist die Kultur nicht sehr schwierig.

Galtonia candicans

Tritonia paniculata

1/3 nat. Größe, Aufnahme 24. September

Tropaeolum tuberosum

Tropaeolum speciosum

Tropaeolum azureum

Tropaeolum polyphyllum

Codonoposis convolvulacea

a–c Nerine bowdenii W. WATSON Amaryllisgewächse (*Amaryllidaceae*)
Heimat: Südafrika, besonders in den Drakensbergen; im Geröll und in Blockhalden unterhalb von Basaltklippen und an Felssäumen in etwa 3000 m. Blüte: III–V. Die schmalen Blätter erscheinen erst im späten Winter. **b** var. *wellsii*, bei der die Blätter zusammen mit den Blüten erscheinen. Verschiedene Gartenformen sind bekannt, z. B. 'Fenwick' mit dunkel rosafarbenen Blüten und eine nahezu weiße Varietät (**c**).

d Nerine crispa hort.
Vermutlich aus einer Kreuzung von *N. flexuosa* aus Südafrika mit einem unbekannten Elter entstanden. Die sehr schmalen Blätter erscheinen mit den Blüten. Zwiebeln nur eben mit Erde bedecken und an sonnig-warmen Stellen pflanzen.

e Amaryllis belladonna L.
Heimat: Südafrika, besonders in der Kapregion; an trockenen, steinigen Hängen, zwischen Gebüsch und an Flußufern. Blüte: II–IV, besonders nach Buschfeuern. Nur in mildem Klima winterfest.

f Colchicum speciosum 'Album' Liliengewächse (*Liliaceae*)
S. Seite 181.

g Schizostylis coccinea BACKH. & HARV. Schwertliliengewächse (*Iridaceae*)
Heimat: Südafrika, besonders in den Drakensbergen; bevorzugt an Flußufern und Säumen. Blüte: I–III. In der Natur meist rotblütig, gelegentlich jedoch auch rosa. Erfordert ziemlich feuchte Standorte.

Tropaeolum speciosum POEPP. & ENDL. Kapuzinerkressengewächse (*Tropaeolaceae*)
Heimat: Südliches Chile und auf der Insel Chiloe; in nassen Wäldern und Gebüschen. Blüte: I–II. Knollen ziemlich dünn, brüchig, verzweigt. Wuchshöhe um 5 cm. Benötigt kühle, schattige Stellen in wintermilden Gegenden.

Tropaeolum polyphyllum CAV.
Heimat: Chilenische Anden; in lockerem Geröll. Knollen ziemlich lang. Stengel flach kriechend, kaum kletternd, bis etwa 40 cm lang. In lockeren Böden einfach zu kultivieren. Knollen müssen jedoch sehr tief gesetzt werden.

Tropaeolum tuberosum RUIZ & PAVON
Heimat: Anden von Peru und Bolivien; an Berghängen und Talflanken. Blüte: IX–X. Jährlich werden neue Knollen entwickelt. Sollte die Pflanze im Freiland wachsen, müssen diese zum Winter ausgegraben oder tiefer gesetzt werden. Zwei Varietäten sind gegenwärtig in Kultur, eine Kurztagpflanze mit Blühbeginn IX–X sowie eine tagneutrale Form, die von VI–X blühen kann. Wuchshöhe bis 3 m.

Tropaeolum azureum MIERS & LINDL.
Heimat: Zentrales Chile; zwischen Gebüsch an trockenen, sehr steinigen Hängen. Blüte: X. Klima des natürlichen Standorts von mediterranem Charakter mit trockenen, heißen Sommern. Knollen spindelförmig. Kultur nicht einfach, erfordert sehr sonnige, heiße Stellen. Samenzucht möglich.

Codonopsis convolvulacea KURZ Glockenblumengewächse (*Campanulaceae*)
Heimat: Tibet und westliches China, besonders in Yunnan und Szetschuan; in Steppen, Grasland, Gebüsch und Bambusbeständen zwischen 1600–3500 m. Blüte: VIII–IX. Kletterhöhe bis etwa 150 cm. Knolle ziemlich lang und spindelig. Kultur in Sandboden bei winterlicher Trockenheit einfach, alternativ auch im Topf unter Strauchwerk. Die var. *forrestii* besitzt größere Blätter und ein ringförmiges, purpurnes Saftmal.

1/3 nat. Größe, Aufnahme 1. September

a Aconitum volubile PALLAS EX KOELLE Hahnenfußgewächse (*Ranunculaceae*)
Heimat: Östliches Sibirien, Mongolei und Westchina; in Dickichten und Gebüschen der subalpinen Zone bis 4000 m. Blüte: VII–IX. Kultur im Halbschatten oder in der Sonne, klettert gerne in kleinem Strauchwerk.

b Colchicum 'Princess Beatrix' Liliengewächse (*Liliaceae*)
Eine der sehr früh blühenden Zeitlosen-Arten, deren Blütezeit bereits Anfang VIII beginnt. Elternarten vermutlich *C. speciosum* und *C. bivonae*. Alle Bastarde sind ziemlich kräftig, gut wüchsig und haben große Blätter.

c Eucomis bicolor BAKER
Heimat: Südafrika; an feuchten Hängen und grasigen Stellen um 1800 m. Blüte: XII–III. Früher auch als Heilpflanze gegen Koliken verwendet. Ziemlich winterfest, benötigt nur leichte Abdeckung.

d Colchicum byzantinum KER-GAWLER
Sehr alte Zierpflanze unbekannten Ursprungs, möglicherweise ein Bastard aus *C. autumnale* und *C. cilicicum*. Vermehrt sich in der Kultur sehr rasch, ist kräftig und ziemlich wüchsig. Blätter bis 30 cm hoch, etwas faltig. Blüten erscheinen im August. Typisch: Lange Narben mit leuchtend karminroten Spitzen (Unterscheidungsmerkmal zu *C. autumnale*). Andere *Colchicum*-Arten besitzen meist purpurne Narbenspitzen. Diese Form wurde zum ersten Mal bei CLUSIUS (1601) erwähnt, der sie aus Konstantinopel erhalten hatte.

e Gladiolus papilio HOOKER f. Schwertliliengewächse (*Iridaceae*)
Heimat: Südafrika, besonders in Natal und Transvaal; an grasigen, sumpfigen Stellen bis in etwa 1600 m. Blüte: II. Kultur in gutem, humosem Boden leicht möglich, möglicherweise jedoch wenig winterfest. Meist treten Schäden durch Schneckenfraß auf, die die jungen Triebe auch unter der Erde abfressen.

Meerzwiebel (*Urginea maritima* (L.) BAKER) Liliengewächse (*Liliaceae*)
Heimat: Gesamtes Mittelmeergebiet, südwärts bis Israel und Jordanien, an trockenen, sandigen Stellen, vor allem in Küstennähe auf Klippen und Dünen. Blüte: VIII–IX. Stengel etwa 50–150 cm hoch, Blätter 30–100 cm lang, um 10 cm breit. Gartenkultur im mittel- und nordeuropäischen Klima nur an sehr trockenen, sonnigwarmen Stellen möglich.

Pankrazlilie (*Pancratium maritimum* (L.) Amaryllisgewächse (*Amaryllidaceae*)
Heimat: Mittelmeergebiet von Portugal ostwärts bis zum südlichen Schwarzmeergebiet; in Dünenzügen in Küstennähe. Blüte: VIII–X. Blätter deutlich schmaler als bei *P. illyricum*, bis etwa 50 cm lang, immergrün. Kultur möglich. Die Blätter sind jedoch nicht frosthart. Meist reichen die mitteleuropäischen Sommer auch nicht aus, um die Pflanze zur Blüte zu bringen.

Cypella herbertii HERBERT Schwertliliengewächse (*Iridaceae*)
Heimat: Argentinien und Uruguay; an grasigen, feuchten bis sumpfigen Stellen. Blüte: VIII. Kann in günstigem Klima, z. B. in Westeuropa, auch im Freiland kultiviert werden, benötigt jedoch sommerliche Wärme.

Urginea maritima

Cypella herbertii

Pancratium maritimum

nat. Größe, Aufnahme 1. September

1/2 nat. Größe, Aufnahme 19. November

2/3 nat. Größe, Aufnahme 19. November

a Leucojum roseum F. MARTIN Amaryllisgewächse (*Amaryllidaceae*)
Heimat: Korsika und Sardinien; an steinigen, offenen Hängen und Säumen. Blüte: VIII–X. Stengel bis 12 cm hoch. Perigonblätter 5–9 mm lang. Kultur im Zwiebelkasten oder Kalthaus.

b Crocus scharojanii RUPRECHT [= *Crocus lazicus* (BOISS. & BAL.) BOISS.] Schwertliliengewächse (*Iridaceae*)
Heimat: Kaukasus und nordöstliche Türkei; in Hochgebirgswiesen in etwa 3500 m. Blüte: VIII–IX. Kultur nicht ganz einfach, jedoch am besten in sandigem Boden im Zwiebelkasten oder im Freiland.

c Crocus ochroleucus BOISS.
Heimat: Südliches Syrien, Libanon und Israel; an trockenen Hängen bis in etwa 1000 m. Blüte: XI. Blätter erscheinen mit den Blüten. Kultur im Zwiebelkasten oder Kalthaus.

d Narcissus viridiflorus SCHOUSBOE Amaryllisgewächse (*Amaryllidaceae*)
Heimat: Südwestliches Spanien und Marokko beidseits der Straße von Gibraltar; auf feuchteren Feldern. Blüte: IX–X. Blüten stark duftend. Kultur im Zwiebelkasten oder Kalthaus.

e Crocus melantherus BOISS. & ORPH. (= *Crocus crewei* HOOKER F.) Schwertliliengewächse (*Iridaceae*)
Heimat: Südliches Griechenland, Kykladen und westliche Türkei; an felsigen, steinigen Stellen in offenem Gebüsch. Blüte: X–I.

f Crocus longiflorus Rafin.
Heimat: Südwestliches Italien, Sizilien und Malta; an grasigen, steinigen, offenen Stellen sowie an Gehölzsäumen. Blüte: X–XI. Die Abbildung zeigt eine Form mit gemusterten Perigonblättern aus Malta. Kultur im Zwiebelkasten oder Kalthaus.

g, h Crocus laevigatus Bory & Chaub.
Heimat: Südliches Griechenland; in Trockengebüschen und an steinigen Hängen. Blüte: X–I. Zwiebelschalen ungewöhnlich hart. Kultur im Zwiebelkasten oder Kalthaus.

i Crocus nudiflorus Smith
Heimat: Südwestliches Frankreich und Spanien; in Wiesen und auf Grasland. Blüte: IX–X. Meist mit Ausläufern. Blätter zu 3–4, erscheinen erst ziemlich lange nach dem Verblühen. Kulturbedingungen am besten in lichtem Parkrasen, in sandigem Boden im Zwiebelkasten.

j Crocus speciosus Bieb.
Heimat: Krim, südlicher Kaukasus, Türkei und Iran; in Wäldern, Gebüschen, auf Wiesen und an steinigen Hängen. Blüte: X–XI. Filamente kahl. Kultur am besten im lichten Gras an sonnig-warmen Stellen. Die Abbildung zeigt eine kleine Form aus Kreta.

k Crocus serotinus Salisb. ssp. **salzmannii** (Gay) Mathew (= *Crocus asturicus* Herbert)
Heimat: Westliches, mittleres und südliches Spanien, an steinigen Hängen, in offenen Kiefernbeständen und in Gebüsch. Blüte: IX–XII. Kultur in sandigem Boden im Zwiebelkasten oder Freiland.

l Colchicum corsicum Baker Liliengewächse (*Liliaceae*)
Heimat: Endemisch auf Korsika; an sandigen Stellen der Gebirge. Blüte: IX. Blätter zu 3–4, erscheinen bereits im zeitigen Winter, etwa 8 cm lang und um 1 cm breit, linealisch-lanzettlich. Narbenhaare reichen noch ein wenig griffelabwärts. Sehr ähnlich ist *C. alpinum* DC aus den Alpen und den Hochgebirgen Italiens, Korsikas und Sardiniens (Siziliens), dessen Narbenhaare nur auf die Griffelspitze beschränkt sind. Kultur in sandigem Boden im Zwiebelkasten oder Freiland.

m Habranthus andersoni Herbert Amaryllisgewächse (*Amaryllidaceae*)
Heimat: Gemäßigtes Südamerika, möglicherweise in Texas nur eingebürgert. Blüte: VIII–X. Blüten hellrosa oder weiß mit gelblichen Spitzen. Kultur am besten im Zwiebelkasten bei sommerlicher Trockenheit. Vermehrt sich rasch durch Samenanflug.

n Colchicum boissieri Orph. Liliengewächse (*Liliaceae*)
Heimat: Südliches Griechenland, besonders im Tygetos-Gebirge auf dem Peloponnes; im Gebüsch und an steinigen Hängen bis 1500 m. Blüte: IX–XII. Blätter meist zu 2, etwa 20 cm lang und etwa 12 mm breit. Unterscheidet sich von fast allen anderen Arten (mit Ausnahme von *C. psaridis* Heldr. ex Hakacsy) durch die langen Ausläufer. Kultur im Zwiebelkasten oder Kalthaus.

o Colchicum cilicicum Dammer
Heimat: Südliche Türkei in der Umrahmung des Taurus-Gebirges; zwischen Steinen und Geröll in offenen Kiefern-Wäldern und Gebüsch bis 1000 m. Blüte: X–XI. Blätter ziemlich groß, bis 30 cm lang, breit lanzettlich. Kultur an trockenen, sehr sonnigen Stellen einfach.

p Colchicum autumnale L. var. **album**
S. Seite 179 g.

1/2 nat. Größe, Aufnahme 17. September

1/2 nat. Größe, Aufnahme 1. September

Colchicum pusillum

Crocus karduchorum

a Allium callimischon LINK
Heimat: Südliches Griechenland und Kreta; zwischen Geröll und Felsen. Blüte: IX–XI. Blätter erscheinen im Frühherbst, Blütenstengel werden bereits im Frühjahr angelegt, bleiben aber in den Blattresten des vergangenen Jahres verborgen. Die Blüten erscheinen an den anscheinend toten Stengelenden. Die ssp. *callimischon* vom Peloponnes hat ungefleckte Blüten; bei der (abgebildeten) ssp. *haemostictum* von Kreta sind die Perigonblätter purpurn gefleckt.

b Umbilicus erectus DC. (= *Cotyledon lutea* HUDS.) Dickblattgewächse (*Crassulaceae*)
Heimat: Süditalien und Nordafrika bis zur östlichen Türkei; in lichten Wäldern und an felsigen Standorten zwischen 600 bis 2300 m. Blüte: VI–VIII. Die sehr fleischigen, nierenförmigen Blätter werden im Frühjahr entwickelt. Winterfest.

c Crocus kotschyanus HERBERT ssp. **kotschyanus** Schwertliliengewächse (*Iridaceae*)
Heimat: Zentrale Türkei bis Libanon; in Gebüsch und an steinigen, felsigen Stellen zwischen 500–2600 m. Blüte: IX–X. Kultur am besten im Zwiebelkasten oder an sonnig-warmen Stellen im Freiland.

d Biarum tenuifolium (L.) SCHOTT Aronstabgewächse (*Araceae*)
Heimat: Mittelmeergebiet, fehlt jedoch in Südfrankreich; an steinigen Hängen bis 1000 m. Blüte: VII–IX. Im Bildbeispiel ist das Hochblatt (Spatha) teilweise weggeschnitten worden, um die Organisation des Blütenstandes zu zeigen: weibliche Blüten unten, männliche Blüten oben, dazwischen sterile weibliche Blüten.

e Sternbergia lutea (L.) KER-GAWLER Amaryllisgewächse (*Amaryllidaceae*)
Heimat: Mittelmeergebiet, in Westasien bis zum Iran und Pamir. Blüte: IX–X. Die abgebildete Pflanze ist ungewöhnlich hoch. Freilandkultur an sonnigen Stellen einfach.

f Merendera pyrenaica (POURRET) P. FOURNIER(= *Merendera montana* LANGE, *Merendera bulbocodium* RAMOND.) Liliengewächse (*Liliaceae*)
Heimat: Zentrale Pyrenäen, Spanien und Portugal; an steinigen Hängen und in anmoorigen Wiesen. Blüte: IX–X. Kultur in lockerem, nährstoffreichem Boden einfach.

Colchicum macrophyllum

Crocus kotschyanus ssp. **cappadocicus**

g Sternbergia clusiana KER-GAWLER EX SPRENG.
Heimat: Südliche Türkei, südwärts bis Israel und ostwärts bis zum Iran; an steilen, felsigen, meist sehr trockenen Hängen. Blüte: X. Blätter um 30 cm lang. Kultur an sonnigen Stellen in lockerem Boden.

h Colchicum variegatum L.
Heimat: Griechenland, auf Rhodos und Kreta und in der südlichen Türkei; an trockenen Hängen bis 1500 m. Blüte: IX–XII. Blätter entwickeln sich im Winter, meist zu 3–4, 10–15 cm lang und 10–20 mm breit, mit sehr welligen Rändern. Exemplare vom natürlichen Standort haben meist längere Perigonröhren als im Bildbeispiel. *C. agrippinum* hort. EX BAKER ist möglicherweise ein Bastard zwischen dieser Art und der einheimischen Herbst-Zeitlosen (*C. autumnale* L.). Kultur an sonnig-warmen Stellen in lockerem Boden.

i Colchicum parlatoris ORPH.
Heimat: Südliches Griechenland; an steinigen, felsigen Hängen. Blüte: VIII–XI. Etwa 4 Laubblätter erscheinen im Frühwinter, jedes etwa 5–10 cm lang und 1 cm breit. Die abgebildete Pflanze ist eine etwas breitblättrigere Form; die auf Seite 185 h abgebildete Pflanze zeigt die typischen Merkmale.

Colchicum macrophyllum B. L. BURTT.
Heimat: Kreta, Rhodos und südwestliche Türkei; in Trockengebüsch und an steinigen Felshängen. Blüte: IX–XI. Laubblätter 3–4, ziemlich groß, bis etwa 35 × 14 cm. Antheren purpurn, Pollen grünlich.

Colchicum pusillum SIEBER
Heimat: Griechenland und Kreta; in Trockengebüschen und an steinigen Hängen. Blüte: X–XI. Laubblätter 3–6, erscheinen mit den Blüten, bis etwa 140 × 2 mm. Kultur im Zwiebelkasten, Topf oder Kalthaus.

Crocus karduchorum KOTSCHY EX MAW
Schwertliliengewächse (*Iridaceae*)
Heimat: Südöstliche Türkei; an steinigen Hängen zwischen Eichen-Gebüsch in etwa 2000 m. Blüte: IX–X. Typisch: Sehr fein zerteilte Narben.

Crocus kotschyanus KOCH ssp. **cappadocicus** MATHEW
Heimat: Zentrale Türkei; an Kalksteinhängen und in alpinen Mooren zwischen 2000–2700 m. Blüte: IX. Röhrenschlund kahl. Kultur im Zwiebelkasten oder an sonnigen Stellen im Freiland.

1/2 nat. Größe, Aufnahme 1. September

a, b Cyclamen hederifolium AITON (= *Cyclamen neapolitanum* TEN.) Primelgewächse (*Primulaceae*)
Heimat: Südliches Frankreich bis Griechenland und zur Türkei; in Wäldern und zwischen Felsen. Blüte: VIII–X. Laubblätter mit silbrig-grünlichem Fleckenmuster. Kultur an sonnigen oder halbschattigen Stellen.

c Leucojum autumnale L. Amaryllisgewächse (*Amaryllidaceae*)
Heimat: Spanien, Portugal, Sardinien, Sizilien und Nordafrika; in offenen, lichten Wäldern, Gebüsch und im Grasland. Blüte: VIII–XI. Kultur an sonnigen Stellen im klimatisch begünstigten Freiland.

d Cyclamen cilicium BOISS. & HELD. var. **intaminatum** MEIKLE Primelgewächse (*Primulaceae*)
Heimat: Südliche und westliche Türkei; in lichten Kiefernbeständen und Gebüsch bis 1000 m. Blätter gewöhnlich dunkelgrün und ohne Musterung. S. Seite 185 d.

e Cyclamen africanum BOISS. & REUT.
Heimat: Algerien. Nicht winterfest. Kultur schwierig.

f Wildes Alpenveilchen (*Cyclamen purpurascens* MILL.) [= *Cyclamen europaeum* L., *Cyclamen colchicum* ALBOV., *Cyclamen ponticum* (ALBOV.) POBED., *Cyclamen fratrense* HALDA & SOJAK]
Heimat: Spanien bis Jugoslawien und Polen, südwärts bis zum Kaukasus, in alpinen Wäldern, besonders über Kalkgestein. Blüte: VI–X. Kultur an sonnigen oder halbschattigen Stellen.

g Herbst-Zeitlose (*Colchicum autumnale*) L. Liliengewächse (*Liliaceae*)
Heimat: Fast ganz Europa; bevorzugt in feuchteren Wiesen und Weiden. Blüte: VIII–X.

h Colchicum kotschyi BOISS.

i Crocus kotschyanus ssp. **hakkariensis** MATHEW Schwertliliengewächse (*Iridaceae*)
Heimat: Südöstliche Türkei; besonders um 1000–3000 m.

j Scilla autumnalis L. Liliengewächse (*Liliaceae*)
Heimat: Westliches Europa und Balkan; an grasbestandenen Stellen. Blüte: VIII–X.

k Crocus robertianus C. D. BRICKELL Schwertliliengewächse (*Iridaceae*)
Heimat: Pindus-Gebirge in Nordgriechenland; auf Lichtungen und zwischen Gebüsch um 850 m. Blüte: X.

l Crocus tournefortii GAY
Heimat: Ägäische Inseln, Kreta, Karpathos und Rhodos; In Trockengebüsch und Felsnischen. Blüte: IX–XII. Kultur an sonnigen Stellen im Freiland.

m Crocus boryi GAY
Heimat: Westliches und südliches Griechenland und Kreta; in Trockengebüsch an steinigen Hängen und Säumen. Kultur an sonnigen Stellen im Freiland.

n Crocus kotschyanus var. **leucopharynx** B. L. BURTT.
In der Natur unbekannt, jedoch recht häufig als Zierpflanze verwendet.

o Crocus caspius FISCHER & MEYER
Heimat: Iran am Südufer des Kaspischen Meeres; an sandigen Standorten, auf Wiesen und an Waldsäumen bis 1300 m. Blüte: X–XI.

p Crocus longiflorus RAFIN
S. Seite 175 f.

q Crocus laevigatus BORY & CHAUB.
S. Seite 175 g.

2/3 nat. Größe, Aufnahme 14. Oktober

1/3 nat. Größe, Aufnahme 17. September

Crocus vallicola und **Colchicum speciosum** (Trabzon)

Crocus vallicola

Crocus kotschyanus ssp. **suwarowianus**

a Colchicum speciosum Steven Liliengewächse (*Liliaceae*)
Heimat: Kaukasus, nördliche Türkei und Iran; in subalpinen Wiesen und an steinigen Hängen in oft reichen Beständen, bis um 3000 m. Blüte: VIII–X. Blätter entwickeln sich bereits im Frühjahr. Sie sind bis 30 cm hoch und 10 cm breit, lanzettlich, glänzend grün. Perigonblätter ohne Fleckenmuster. Die abgebildete Form wurde auch als *C. bornmuelleri* beschrieben; sie wurde nördlich Ankara um 1889 gesammelt und ist seither in Kultur. Sie ist größer und im Schlundbereich heller als die meisten anderen Formen und wurde deshalb als Elternart für viele Kreuzungen ausgewählt. Kultur einfach, am besten in gewöhnlicher Gartenerde oder im lichten Parkrasen.

b Colchicum agrippinum hort. ex Baker
Alte Zierpflanze, Kreuzung zwischen *C. variegatum* und einer anderen Art, vermutlich *C. autumnale.* Sie unterscheidet sich von *C. variegatum* durch die wesentlich größeren Blüten mit den etwas gewellten Perigonblättern und dem etwas undeutlichen Fleckenmuster. Blüten öffnen sich nicht sehr weit. Blätter schmal lanzettlich, aufrecht, nur leicht gewellt. Kultur am besten im lokkeren Rasen oder auch im Steingarten.

c Colchicum lusitanicum Brot. (= *Colchicum tenorii* hort.)
Heimat: Portugal, Spanien und Italien; an trockenen, steinigen Hängen und Säumen. Blüte: IX–XI. Blätter erscheinen im Frühjahr zu 4–5, schmal-lanzettlich, bis 35 cm lang und 4 cm breit, kleiner als bei *C. autumnale.* Blüten nur schwach fleckig gemustert. Die abgebildete Pflanze wird unter der Bezeichnung *C. tenorii* angeboten, scheint jedoch mit *C. lusitanicum* identisch zu sein. Kultur in lockerem Boden an sonnigen Stellen.

d Colchicum 'The Giant'
Eine der größten Zeitlosen-Formen, die durch mehrere Kreuzungen zwischen verschiedenen Elternarten erhalten wurde. Die großen, in der Mitte weißen Blüten stammen offenbar von *C. speciosum,* das Fleckenmuster und die braunen Antheren deuten auf *C. bivonae*. Die ziemlich großen Blätter verweisen wiederum auf *C. speciosum.* Kultur recht einfach, am besten an warmen, nicht zu feuchten Stellen.

e, f Colchicum bivonae Guss. (= *Colchicum bowlesianum* Burtt., *Colchicum visianii* Parl., *Colchicum latifolium* Sibth. & Sm.)
Heimat: Jugoslawien, Italien, nordwestliche Türkei, Griechenland und Sardinien; in offenen Kiefernbeständen und zwischen Gebüsch um 500 m. Blüte: VIII–X. Laubblätter erscheinen im Frühjahr zu 5–8, ausgebreitet, zugespitzt, etwa 25 cm lang und bis 4 cm breit. Variable Art. Die beiden abgebildeten Formen unterscheiden sich in Anzahl und Form der Blüten und in der Blattgröße. Kultur am besten im Zwiebelkasten, benötigt viel Wärme und Sonne.

g Colchicum laetum Steven
Heimat: Südliches Rußland; die unter dem gleichen Namen kultivierten Exemplare sind unsicherer Herkunft. Kennzeichnend sind die große Zwiebel sowie die zahlreichen, mit sehr schmalen Perigonblättern versehenen Blüten; die Blätter erscheinen im Frühjahr, sind bis 40 cm lang und um 10 cm breit, ähnlich der einheimischen Herbst-Zeitlosen (*Colchicum autumnale*). Kultur am besten in lockerem Boden an sonnigen Stellen.

h Colchicum 'Conquest'
Sehr lebhaft gefärbte Gartenform, die aus einer Kreuzung zwischen *C. speciosum* und *C. bivonae* erhalten wurde. Diese hybride Form ist nicht so großwüchsig wie viele andere Bastarde, wächst aber sehr gut an sonnigen Stellen in guter Gartenerde.

Crocus vallicola Herbert Schwertliliengewächse (*Iridaceae*)
Heimat: Kaukasus und nordöstliche Türkei; meist in großen Mengen auf Bergwiesen zwischen 1000–3000 m. Blüte: VIII–IX. Der Sproß entwickelt sich geradlinig aus der Knolle. Kultur auch im Freiland nicht schwierig, am besten in humosem, sandigem Boden.

Crocus kotschyanus ssp. **suwarowianus** (C. Koch) Mathew
Heimat: Westliches Transkaukasien und nordöstliche Türkei; an erdigen, grasbestandenen Stellen in 2000–3000 m. Blüte: IX–X. Die Sprosse entwickeln sich seitlich mit schiefem Ansatz an der Knolle. Die Perigonblätter sind auf der Innenseite purpurn geadert. Kultur am besten im Zwiebelkasten.

1/2 nat. Größe, Aufnahme 14. Oktober

a Crocus pulchellus HERBERT
Heimat: Südlicher Balkan und westliche Türkei; in lichten Wäldern und auf Wiesen. Blüte: IX–X. Kultur am besten im Zwiebelkasten.

b–e Crocus speciosus BIEB.
b Wildform, **c** Gartenform 'Oxonian', **d** Form aus dem Handelssortiment, **e** Albino.

f Crocus pallasii GOLDB.
Heimat: Östliches Europa, von Rumänien und der Türkei ostwärts bis zur Krim, südlich bis Syrien; an steinigen Hängen. Blüte: X–XII. Narben meist rot. Blätter 9–14, sehr schmal, graugrün. Kultur im Zwiebelkasten.

g Crocus vallicola HERBERT
S. Seite 181.

h Crocus goulimyi TURRILL.
Heimat: Südlicher Peloponnes; an steinigen Stellen und in alten Ölgärten. Blüte: X–XI. Kultur im Zwiebelkasten.

i Crocus hadriaticus HERBERT
Heimat: Südliches Griechenland; an offenen, trockenen Hängen und in Gebüschen. Blüte: X–XII. Kultur im Zwiebelkasten.

j Crocus cancellatus HERBERT
Heimat: Griechenland und Türkei; an steinigen Hängen und zwischen Gebüsch bis 1800 m. Blüte: X–XI. Die Abbildung zeigt die var. *cilicicus* (MAW) MAW aus der südöstlichen Türkei (rosa) und die var. *mazziaricus* (HERBERT) MAW aus Griechenland (weiß).

k Crocus kotschyanus KOCH ssp. **cappadocicus** MATHEW
S. Seite 177.

l Crocus banaticus GAY
Heimat: Rumänien, Jugoslawien und westliches Rußland; auf Wiesen, in Wäldern und Gebüschen. Blüte: IX–X. Blätter flach, bis 7 mm breit. Kultur am besten im Freiland in gutem Humus.

m Crocus niveus BOWLES
Heimat: Südlicher Peloponnes; zwischen Kalksteinfelsen und in Olivenhainen, mitunter in großer Stückzahl. Blüten weiß bis hellrosa. Kultur im Zwiebelkasten.

n Safran (*Crocus sativus* L.)
Natürliches Verbreitungsgebiet unbekannt. Der häufig als Zierpflanze verwendete Safran ist ein steriler, triploider Bastard, der sich nur vegetativ vermehrt. Kultur im Freiland sehr einfach.

o Galanthus nivalis ssp. **reginae-olgae** (ORPH.) GOTTL.-TANN. [= *Galanthus corcyrensis* (G. BECK) F. C. STERN] Amaryllisgewächse (*Amaryllidaceae*)
Heimat: Sizilien und Griechenland; meist in felsigem Gelände und zwischen Eichen-Gebüsch. Blüte: X–XII.

p Oxalis lobata SIMS Sauerkleegewächse (*Oxalidaceae*)
Heimat: Chile; bis etwa 2000 m. Für Gartenkultur in günstigen Lagen gut geeignet.

q Argyropsis candida (LINDL.) ROEM. [= *Zephyranthes candida* (LINDL.) HERBERT] Amaryllisgewächse (*Amaryllidaceae*)
Heimat: Argentinien; an sumpfigen Stellen entlang des Rio de la Plata. Kultur am besten an feuchten, kühleren Stellen.

r Crocus medius BALBIS Schwertliliengewächse (*Iridaceae*)
Heimat: Südöstliches Frankreich und nordwestliches Italien; in lichten Wäldern und an grasigen Stellen. Blüte: IX–XI.

1/2 nat. Größe, Aufnahme 19. November

1/2 nat. Größe, Aufnahme 14. Oktober

a Cyclamen graecum LINK. (= *Cyclamen pseudomaritimum* HILDEBR., *Cyclamen pseudograecum* HILDEBR.) Primelgewächse (*Primulaceae*)
Heimat: Griechenland, Türkei und Zypern; in steinigen Bergwäldern und Gebüschen von Seehöhe bis etwa 500 m. Blüte: IX–XI. Laubblätter meist mit feinen, fleischigen Zähnen am Blattrand. Knolle sehr zäh, mit etwa 6 kräftigen Wurzeln aus der mittleren Unterseite. *C. pseudograecum* wurde von einem Standort auf Kreta beschrieben, *C. pseudomaritimum* von Felsen in der Spritzwasserzone an der türkischen Küste; sie unterscheiden sich nur unerheblich von der typischen Form. Kultur im Topf oder Zwiebelkasten nicht schwierig. Im Sommer sehr heiß und trocken stellen.

b Cyclamen cyprium SCHOTT & KOTSCHY
Heimat: Zypern; in Wäldern und an felsigen Standorten, besonders in der Gegend von Kyrenia zwischen 300–1200 m. Blüte: IX–XI. Kultur am besten im Topf, im Winter frostgeschützt stellen.

c Cyclamen rohlfsianum ASCHERS.
Heimat: Libyen von Benghasi bis Derna; in Kalksteinfelsen im Bereich niederer Höhenlagen. Nicht winterfest, daher am besten im Topf zu kultivieren. Die Pflanze muß im Sommer recht trocken stehen und darf erst bei Wachstumsbeginn gegossen werden. Ziemlich selten in Sammlungen und Kulturen.

d Cyclamen cilicium BOISS. & HELDR.
Heimat: Südliche Türkei von Antalya bis Adana; in Kiefernwäldern und Felsnischen zwischen 700–2000 m. Blüte: IX–XI. Vgl. auch var. *intaminatum* MEIKLE Seite 152. Kultur in steinigem Boden an trockenen Stellen einfach.

e Cyclamen mirabile HILDEBR.
Heimat: Südwestliche Türkei bei Mugla und Isparta; in Kiefernwäldern und Gebüsch zwischen 500–1000 m. Blüte: IX–XI. Sehr ähnlich *C. cilicium*, jedoch sind die Blätter deutlich gezähnt. Auch die oberen Ränder der Kronblätter tragen eine feine Zahnreihe.

f Colchicum hierosolymitanum FEINBRUN
Liliengewächse (*Liliaceae*)
Heimat: Südliche Türkei, Syrien, Libanon und Israel; an steinigen Hängen und zwischen Eichen-Gebüsch. Blüte: IX–XI. Laubblätter bis zu 20, ziemlich schmal, linealisch, etwa 15 cm lang und 10 mm breit. Blüten erscheinen nacheinander. Die nahe verwandten Arten *C. decaisnei* BOISS. und *C. haussknechtii* BOISS. besitzen je 8 breitlanzettliche Blätter. Sehr anfällig gegen Pilzinfektionen und daher in der Kultur recht schwierig.

g Colchicum cupanii GUSS.
Heimat: Südliches Frankreich, Italien, Kreta, Tunesien und Algerien; an felsigen Hängen und Säumen. Blüte: IX–XII. Die meist 2 schmalen Blätter entwickeln sich fast gleichzeitig mit dem Blühbeginn, zuletzt etwa 15 cm lang und 15 cm breit. Kultur im Zwiebelkasten einfach, vermehrt sich ziemlich rasch.

h Colchicum parlatoris ORPH.
Heimat: Südliches Griechenland nur auf dem Peloponnes; dort vor allem an trockenen, steinigen Hängen. Blüte: VIII–XI. Laubblätter erscheinen zu 6–8 meist erst nach der Blüte, sehr schmal (etwa 3 mm), kahl. Kultur möglich, doch sind die abgestorbenen Blüten sehr empfindlich gegen Pilzbefall.

i Sternbergia colchiciflora WALDST. & KIT. Amaryllisgewächse (*Amaryllidaceae*)
S. Seite 29 e.

Sternbergia lutea ssp. **sicula**

Colchicum cupanii

Biarum davisii

j Sternbergia lutea (L.) KER-GAWLER
Die Abbildung zeigt die schmalblättrige Form der ssp. *lutea*. Die ssp. *sicula* (TINEO EX GUSS.) D. A. WEBB aus Süditalien, Sizilien und Griechenland besitzt noch schmalere, um 3–5 mm breite Blätter. Genaueres s. Seite 177.

Biarum davisii TURRILL Aronstabgewächse (*Araceae*)
Heimat: Endemische Art auf Kreta; an felsigen, steinigen Standorten. Blüte: XI. Blätter bis 4 cm breit, sehr kurz gestielt, mit verkehrt-eiförmiger Spreite. Kultur im Topf, im Sommer recht trocken, erst zu Wachstumsbeginn gießen.

1/2 nat. Größe, Aufnahme 12. Januar

Hyazinthen sind auch im mitteleuropäischen Klima ziemlich frostfest und eignen sich gut zum Treiben für frühe Blütezeit um Weihnachten. Meist werden die Zwiebeln dazu in sehr groben Torf, gemischt mit etwas Muschelbruch und Kohle, in Gefäße ohne Abzugsöffnung gepflanzt. Substrat bereits vor dem Einpflanzen gut durchfeuchten. Auf keinen Fall darf es nach dem Pflanzen vollständig austrocknen, sollte andererseits jedoch auch nicht übernäßt werden. Die Zwiebeln werden nur locker aufgesetzt. Sobald das Wachstum beginnt und die Knospen sich regen, muß vorsichtig bewässert werden: Die sich entwickelnden Blätter und Blütenknospen vertragen keine Nässe. Nach dem Pflanzen stellt man die Pflanzen an einen dunklen, kühlen (etwa 10° C) Platz und gibt den Wurzeln etwa 2 Monate Zeit zur Entwicklung. Wenn sie bereits zu Weihnachten blühen sollen, besorgt man sich speziell vorbereitete Zwiebeln aus dem Fachhandel und pflanzt sie spätestens bis Mitte September ein. Später gepflanzte Exemplare entwickeln sich nur zu einem kurzstengeligen Gebilde (**d**). Die gleiche Hemmung tritt ein, wenn die Zwiebeln zu früh in die Wärme gebracht werden oder während der Entwicklung zu trocken gehalten wurden. Etwa 4 Wochen vor dem bestimmten Blühbeginn sollten die Pflanzen ins Licht (jedoch nie in die volle Sonne) an eine etwas wärmere Stelle gebracht werden. Sobald sich nun die Blütenstandsknospe zeigt, kann man sie endlich in ein warmes Zimmer stellen. – Die verschiedenen Gartenformen unterscheiden sich erheblich in der Bereitschaft, unter den angegebenen Bedingungen getrieben zu werden. Hyazinthen der Varietät 'Roman' (**g**) eignen sich dafür am ehesten. Die Varietät 'Rosalie' (**a**) ist sehr frühblühend. Am besten pflanzt man nur Zwiebeln einer Rasse zusammen in das gleiche Gefäß.

Narzissen-Varietäten sind insgesamt etwas einfacher zu handhaben. Die Formen 'Paper White' und 'Soleil d'Or' können in lockeren Kies gepflanzt werden. Man füllt das Pflanzgefäß dann bis zum unteren Rand der Zwiebel an. Schon nach 1–2 Wochen in einem kühlen Raum kann man sie in die Wärme bringen, worauf sie nach etwa 5 Wochen mit der Blüte beginnen.

Neben Narzissen und Hyazinthen kann man auch Tulpen, Schneeglöckchen und Schwertlilien schon im Februar oder März zur Blüte bringen, wenn man sie bis Ende Dezember recht kühl hält und dann gemäß besonderer Kulturanweisungen in die Wärme bringt. *Iris histrioides* 'Major' und *Iris danfordiae* eignen sich hierfür gut. Sollten sich die Laubblätter rascher entwickeln und vor den Blüten erscheinen, ist es besser, die Pflanzen in die Kühle zurückzustellen.

a 'Rosalie', Züchtung durch G. van Waveren-Kruyff 1948.
b 'L'Innocence', Züchtung durch V. van der Vinne 1863.
c 'Pink Pearl', Züchtung durch J. W. Lefeber 1922.
d 'Carnegie', Züchtung durch J. W. Lefeber.
e 'Bismarck', Züchtung durch D. J. Ziegler 1875.
f 'Paper White' *Narcissus papyraceus* Ker-Gawl. Amaryllisgewächse (*Amaryllidaceae*)
Heimat: Gesamtes Mittelmeergebiet; an trockenen, sonnigen Hügeln. Blüte I–V.
g 'Roman Hyacinth' *Hyacinthus orientalis* L. Liliengewächse (*Liliaceae*)
h 'Soleil d'Or' *Narcissus tazetta* ssp. *aureus* (Loisl.) Baker
Heimat: Südliches Frankreich, nordwestliches Italien und Sardinien. Blüte: I–III.

1/2 nat. Größe, Aufnahme 12. Januar

Literaturhinweise

Gartenbücher

BOSSE, G.: Hauptkulturen im Zierpflanzenanbau. Stuttgart 1975
FELDMAIER, CHRISTIAN: Die neuen Lilien. Ulmer Verlag, Stuttgart 1967
FELDMAIER/ MCRAE: Lilien. Ulmer Verlag, 2. Auflage 1981
FOERSTER, K.: Das Blumenzwiebelbuch. Berlin 1939
GRUNERT, CHRISTIAN: Das Blumenzwiebelbuch. Ulmer Verlag, Stuttgart 1981
HAY/SYNGE: Das große Blumenbuch. Stuttgart 1979
KÖHLEIN, FRITZ: Iris. Ulmer Verlag, Stuttgart 1981
SALZER, ERNST H.: Kosmos-Gartenpraxis. Kosmos-Verlag, Stuttgart 1982
SEABROOK, P.: Das große Kosmos-Gartenbuch. Kosmos-Verlag, Stuttgart 1981

Pflanzenbücher (Floren)

AICHELE/SCHWEGLER: Blumen der Alpen und der nordischen Länder. Kosmos-Verlag, Stuttgart 1976
ATKINSON, E.T.: Flora of the Himalayas. London 1980
DAVIS, P.H.: Flora of Turkey and the East Aegean Islands. Bd. 1–6, Edinburgh 1965–1978
HAYEK, A.V.: Prodromus Florae Peninsulae Balcanicae, Bd. 1–3, Berlin 1927–1933
HITCHCOCK, C.L./CRONQUIST, A.: Vascular Plants of the Pacific Northwest. Seattle 1955–1969
KOMAROV, V.L. u.a.: Flora of the USSR, Bd. 1–24, Moskau-Leningrad 1933–1964
MARLOTH, R.: The Flora of South Africa. Kapstadt 1932–1933
MUNZ, P.A.: A Flora of Southern California. Los Angeles 1974
MUNZ, P.A./KECK, D.D.: A California Flora. Berkeley – Los Angeles 1959
OHWI, J.: Flora of Japan. Washington 1965
POLUNIN, O.: Flowers of Greece and the Balkans. Oxford 1980
POLUNIN, O./HUXLEY, A.: Blumen am Mittelmeer. München 1968
POLUNIN, O./SMITHIES, B.E.: Flowers of South-West Europe. Oxford 1973
RECHINGER, K.H.: Flora Iranica. Graz 1963–1980
RECHINGER, K.H.: Flora Aegea. Wien 1943
TUTIN, T.G. u.a.: Flora Europaea, Bd. 1– 5, Cambridge 1964–1980
VVEDENSKY, A.I.: Conspectus Florae Asiae Mediae, Bd. 1–5, Taschkent 1971–1976
ZOHARY, M./FEINBRUNN-DOHAN, N.: Flora Palaestina, Bd. 1–6, Jerusalem 1966–1978

Spezielle Bücher und Artikel

BOWLES, E.A.: A Handbook of Crocus and Colchicum for Gardeners. London 1952
MATHEW, B.: Crocus tournefortii and its allies. Kew Bull. 31, 775, 1977
MATHEW, B.: Crocus vallicola and its allies. Notes Roy. Bot. Gard. Edinburgh 38, 387, 1980
RIX, M.E.: Fritillaria in the Eastern Mediterranean region. Kew Bull. 33, 585, 1979
SPETA, F.: Neue Scilla-Arten aus dem östlichen Mittelmeerraum. Naturkundl. Jb. Stadt Linz 22, 65, 1976
SYNGE, H.: Endangered Monocotyledons in Europa and South-West Asie. In: Brickell, C.D. u.a.: Petaloid Monocotyledons. London 1980
SYNGE, P.M.: Lillies. Batsford 1980
WENDELBO, P.: Tulips and Irises of Iran. Teheran 1977
WENDELBO, P.: On the genus Eremurus (Liliaceae) in South-West Asia. Arab. Univ. Bergen 5, 1964

Bezugsquellen für Blumenzwiebeln

In England:

Royal Horticultural Society
Vincent Square, London SW 1P 2 PE

Alpine Garden Society
E.M. Upward, Lye End Link, St.John's
Woking, Sussex

British Gladiolus Society
Mrs. M. Rowley, 10 Sandbach Road, Thurlwood,
Rode Heath, Stoke- on-Trent ST7 3RN

British Iris Society
Species Group, Prof. M. Bowley, Brook Orchard,
Graffham, Petworth, Sussex

Daffodil Society
D.H. Pearce, 1 Dorset Cottages, Birch Road,
Copford, Colchester, Essex

Nerine Society
C.A. Norris, Brookend House, Welland, Worcs

Cyclamen Society
Miss G. Nightingale, Lavender House, 47 Lechmere
Avenue, Chigwell, Essex

In Deutschland:

Albrecht Hoch
Potsdamer Straße 40
1000 Berlin 37

E. Maier
Hansell 155
4401 Altenberge

Carl Sperling + Co.
2120 Lüneburg

Ludwig Vetter
8337 Mitterskirchen

Gräfin von Zeppelin
7811 Sulzburg-Laufen/Baden

Gebr. Laux
Kaiserstraße 40
5657 Haan

Josef Pursch
Isartorplatz 3
8000 München 22

Hugo Reinhold
Westerwickstraße 7
4600 Dortmund

Paul Schmid
Hauptstraße 41
7322 Donzdorf

Julius Wagner GmbH
Eppelheimer Straße 20
6900 Heidelberg

Register der wissenschaftlichen Pflanzennamen und der Sortenbezeichnungen

Ein Sternchen (*) ist hinter die Namen bedrohter oder in der Natur nur noch sehr selten vorkommender Arten gesetzt.

Register der deutschen Pflanzennamen